U0121407

大展好書　好書大展
品嘗好書　冠群可期

大展好書　好書大展
品嘗好書　冠群可期

理財、投資5

期貨順勢雙刀流
（心智繪圖版）

黃 國 洲 ／著

大 展 出 版 社 有 限 公 司

目　錄

[操作篇]

自　序

　　這本書本來我只想私藏起來，不想公佈於眾。不過，拗不過朋友們的「威脅利誘」加「哀兵之計」，最後還是把它交了出來，因為我覺得本書裡的觀念與做法，是我在投資領域 15 年來，最後的心得總結，此法已經完全跳脫景氣循環的束縛，可以讓人隨時隨地因它而致富，對我而言，拿它來當「傳家寶」也不為過。

　　現代的社會，九萬元能做什麼？買一輛機車代步！或買輛二手貨車載貨！還是批貨擺地攤！這些做法都只能讓生活過下去而已！不能創造任何財富。可是換個角度，九萬元剛好可以買一口期貨，如果能以九萬元的成本，創造無限的財富，還有什麼會比它更划算的事情呢？我所著的這本書，恰巧教你如何運用區區的九萬元，以「策略」來買賣期貨，然後走上億萬富翁之路。

　　台灣的投資生態，期貨仍屬於少數人的領域，大家對它既陌生又害怕，乃是其性質類似賭博，再加上期貨本身沒有實質商品，輸贏倍數又大，還有期限上的限制。因此，常令人怯步，三過「期門」而不入。

　　可是一刀刀都是兩面光，期貨就像廚房一樣，懂得用火與廚具的人，使用廚房來，可以把普通的材料變成一道道精

緻的美食。而不懂得下廚之道的人，再好的材料，也不能保證把一頓飯煮好，甚至會把廚房搞得雞飛狗跳，更糟糕的是釀成火災，而我們會因此說廚房不好嗎？當然不會，端看你怎麼去使用它！

　　但是，想真正懂得期貨，又是何其困難！連一開始就參與至今的人，也未必懂得其中的奧妙。更何況連許多期貨公司灌輸給投資人的觀念，也是有待商榷的，往往只是把歐美的期貨理論，搬來台灣使用而已！真正對台灣期貨的內涵卻知之不深。

　　於是在這種「連環錯！」的觀念之下，想揭開期貨的面紗又是何其困難？套句前任經濟部長宗才怡的下台話：「誤闖政治叢林的小白兔」，若投資人只從一般投資機構學得期貨的操作技巧，那肯定會成為「誤闖期貨叢林的小白兔」。

　　筆者有鑑於此，於是繼「順勢停損投資法」、「籌碼線」等技巧公諸於世之後，又再度累積自己從事期貨經紀商經理人的經驗，告訴投資人如何精確掌握期貨精髓，並且結合以往操作股票的精華，創造出「期貨順勢雙刀流」。此法經過自身及學員無數次的驗證之後，確定可以在任何情況下，都能順利獲利（讀者可從書中的技巧上得知）。尤其是在行情即將上漲，或者行情即將結束之轉折點上，更能發揮此法的優越性。即使在盤整時，也能夠力守獲利底限，竊以為，是一套非常理想的操作策略。

　　所謂「金山銀山，坐吃山也空」，正說明現在投資人的困境。更可惡的是，現在連在家「坐吃」時，都還有人覬覦你的金山哩！投資房地產，結果房子套牢滯銷！投資股市，結果上市公司財報不實，愈套愈牢！投資未上市公司，結果卻是空殼公司！投資海外基金，卻遇上國際金融風暴，這種不幸的案例多如牛毛。在台灣有太多的投資陷阱正在等著投資人，只要一個不小心，積蓄就全部泡湯。

　　常言所謂「一技在身，吃穿不會空」，所以，與其把錢交給他人操縱，何不自己學得一身投資功夫呢？憑藉著正確的「策略性操作」，來期貨市場佔有一席之地。至少在此，一切都是公開透明的，再加上運用正確的策略性操作，投資期貨很容易就可以成為致富的靈丹。

　　不過在還沒看完本書之前，千萬不要認為期貨就是致富的靈丹妙藥，它可能正是一劑穿腸毒藥，但是，等你看完「順勢雙刀流」的觀念及操作，並且實際執行之後。我保證，你的期貨投資，絕對會因此產生大革命。因為「順勢雙刀流」正是投資人夢寐以求的期貨武林秘笈。

　　最後筆者以「將相本無種，男兒當自強，投資本無道，有心人獨得」，這句話來砥礪購買本書的讀者，希望您也能像筆者一樣，能有屬於自己一套專精的投資術。

黃國洲

8·期貨順勢雙刀流

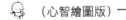 （心智繪圖版）————————————————————▶

觀念篇

（心智繪圖版）

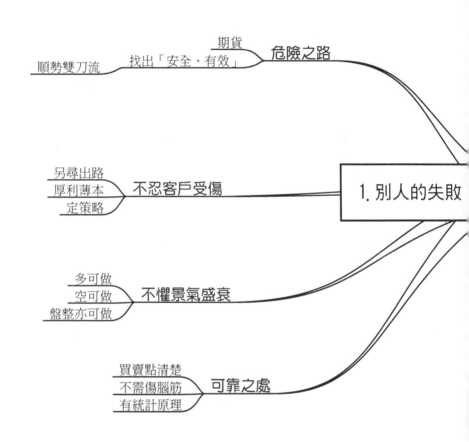

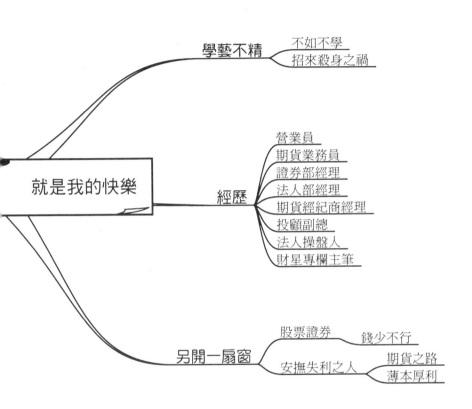

就是我的快樂

學藝不精
　不如不學
　招來殺身之禍

經歷
　營業員
　期貨業務員
　證券部經理
　法人部經理
　期貨經紀商經理
　投顧副總
　法人操盤人
　財星專欄主筆

另開一扇窗
　股票證券　錢少不行
　安撫失利之人　期貨之路
　　　　　　　　薄本厚利

　　二人會面，定睛一看，忽然抱頭大哭起來。老頭說道：「京城一別，誰想在此重逢，人物依舊，山河全非，怎不令人腸斷呢！」

　　白衣人說道：「揚州之役，聽說大哥已化為異物，誰想到在異鄉相逢，從此我天涯淪落，添一知己，也可謂吾道不孤了。這位姑娘，想就是令媛罷？」

　　老頭道：「我一見賢弟，驚喜交集，也忘了教小女英瓊拜見。」隨叫道：「英瓊過來，與你周叔叔見禮。」

　　那女子聽了他父親的話，過來納頭便拜，白衣人還了一個半禮。

　　對老頭說道：「我看賢侄女滿面英姿，將門之女，大哥的絕藝一定有傳人了。」

　　老頭道：「賢弟有所不知，愚兄因為略知武藝，所以鬧得家破人亡。況且他一出世，他娘便隨我死於亂軍之中，十年來奔走逃亡，毫無安處。他老麻煩我，叫我教他武藝。我抱定庸人多厚福的主意，又加以這孩子兩眼怒氣太重，學會了武藝，將來必定多事。我的武藝也只平常，天下異人甚多，所學不精，反倒招出殺身之禍。愚兄只此一女，實在放心不下，所以一點也未傳授於她。」

節摘自『蜀山劍俠傳』

　　老頭認為學藝不精，反容易招來殺身之禍，實乃切身之

體驗。在投資市場中，不論股票或者期貨，又何嘗不是如此呢？

＊　　　　＊　　　　＊

筆者從基礎的營業員做起，經歷了營業員、期貨業務員、證券經理人、期貨經紀商經理人、法人部經理、投資顧問公司副總經理，經手23萬筆以上的成交紀錄，從中看遍了投資人的起落，見到許多人成功獲利，也見識到更多人抱著惡夢而歸。經手的23萬筆成交筆數中，有百分之九十以上的人是虧損的。

套裝工具

雖然他們投資失利，可是他們的投資經驗卻造就了我，我在旁冷眼旁觀，雖置身其中，卻不易被迷惑，因為我明白「統計」的威力，統計不會欺騙人，九成會虧損，這樣的生意能做嗎？當然不行。那時候就覺得，必須要有一套正確、無誤的方法來應對才行。

自己真的覺得有一套能完全避開損失的方法之後，才可以真正投入市場。就在如此觀念之下，我累積了客戶23萬筆的成交資料。在反覆研究下，創立了「順勢停損法」的投資基本觀念。又在這種觀念下，研究出了「判斷多空」的工具—「籌碼線」。這工具讓我觀察股市走勢，變得簡單易懂，這些成就都要歸功於那些給我業績的客戶，是他們讓我窺得

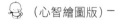
股市的真相。

錢少可不行

可惜股市是現實的，一旦沒了錢或者少了錢，就算已經學會教訓也沒用了，是不可能再從股市上翻身。因為股市就是錢的市場，沒有錢，或者剩下的錢不多，很難再賺回自己的錢，更何況乎想賺更多的錢。

另開一扇窗

投資失利了怎麼辦？聖經上說過：「上帝把你的門關起來，會另外開一扇窗給你。」沒錯，這正是「天無絕人之路」的道理。若是在以前，投資虧損之後，只能選擇從頭再來或者長期套牢，可是現在由於「期貨市場」的開放繁榮，無形之中等於多開了一扇窗，讓股市失利的投資人可以在此尋回自己的春天，甚至摸得訣竅，成為一位大富翁，只要你用的方法是對的。

危險的綺窗

基於客戶的遺憾，筆者細心研究金融市場結構，希望能從中找到反敗為勝的途徑，後來發現台股指數期貨的功能，正好符合反敗為勝的條件，因為台股指數期貨的資金與獲利之比例懸殊，正可以彌補在股市上大量的失利；不過，相對

的若賠錢也會因此而加劇。所以，期貨市場的操作比股市更需要一套「安全、有效」的操作法。

千萬不可任意買賣，必須有一套「正確、安全」的操做方法，才不至於損失慘重，更不能隨意以股市的觀念來進行期貨買賣，亦不能用一般的技術分析來當作買賣點的依據，因為兩者的取樣不同，標的物不同，交易方式也不同，甚至投資者也迥然不同。筆者有鑑於此，於是從股市的「順勢、停損投資法」中，再創造出了符合期貨市場的操作模式，我稱之為「期貨順勢雙刀流」。

「期貨順勢雙刀流」簡稱「順勢雙刀流法」，此做法完全講究順勢，手法簡易，卻狡詐多變，能夠完全順應走勢，設計的背後是有深邃的統計原理支撐，實戰時有完全可依靠的準則，買賣點的判斷黑白分明，並且十分準確，絕對不會像其他的技術分析一樣忽多忽空，讓人無所適從。

學會它的人，只要把自己當是提供資金的金主就好了，或者乾脆把自己想成是個機器人，完全任由它的指示操作，就可以獲利滾滾，甚至能安穩一生不愁吃穿。

此手法不同於前一本書的『籌碼決定論』，需要以「籌碼計算」，以衡量「價量關係」去判斷走勢。它自有一套理論根據以及操作法則。不過兩者之間的操作手法，卻依然是以順勢操作為主軸，這點倒是無庸置疑。只不過因應不同的市場，操作手法也必須有些改變而已。

人為刀俎，我為魚肉

筆者創造「期貨順勢雙刀流」的用意，在於見到許多人在股市鎩羽而歸，唯一能夠讓他們翻身的，就只剩下這「本薄利厚」的期貨交易而已了。可是期貨交易風險太大，必須小心應對。所以，才創出這項安全又能獲利的『期貨順勢雙刀流』，希望能保障投資大眾（至少是讀過本書的人）的利益，不致於人為刀俎，我為魚肉，讀者應感受我的用心。

無關熱絡與否

下頁圖中，股市在91年5月從6500點下跌至4000點。在股市裡，投資股市變成毫無生氣的套牢區，可是此時在期貨市場中，「跌多漲少」、「人氣潰散」卻完全不會影響到期貨投資者，投資者只要方向作對照樣可以天天進帳。只要隨便作對一趟100點的行情，一口單就有2萬元的進帳，圖中不知有多少機會有100點以上的振幅。所以，在股市中看來價跌量縮，看似無聊的下跌格局，對期貨者而言，裡面卻是充滿著利潤的誘因。

可見得期貨市場，的確是唯一不懼「景氣盛衰」的經濟活動。若想要在此坐擁一片天，當然也必須付出相當大的功夫才行，必須拋棄自我成見及做法，有捨才有得，在還沒看完本書之前，勿妄言懂得期貨，且讓筆者帶領，一一揭開期

貨的神秘面紗，讓自己不會再迷惑於股市與期貨之間的差異
中，這樣一來，就真的懂期貨了。

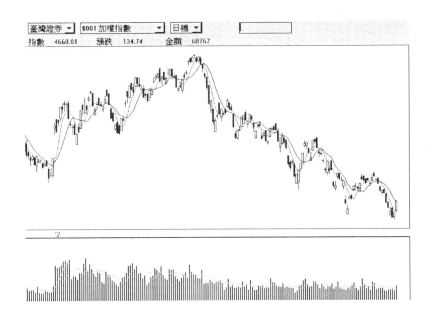

（心智繪圖版）

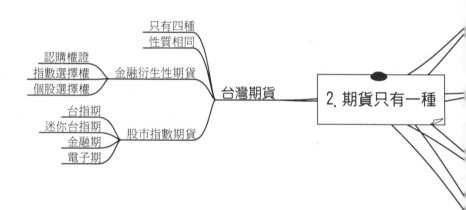

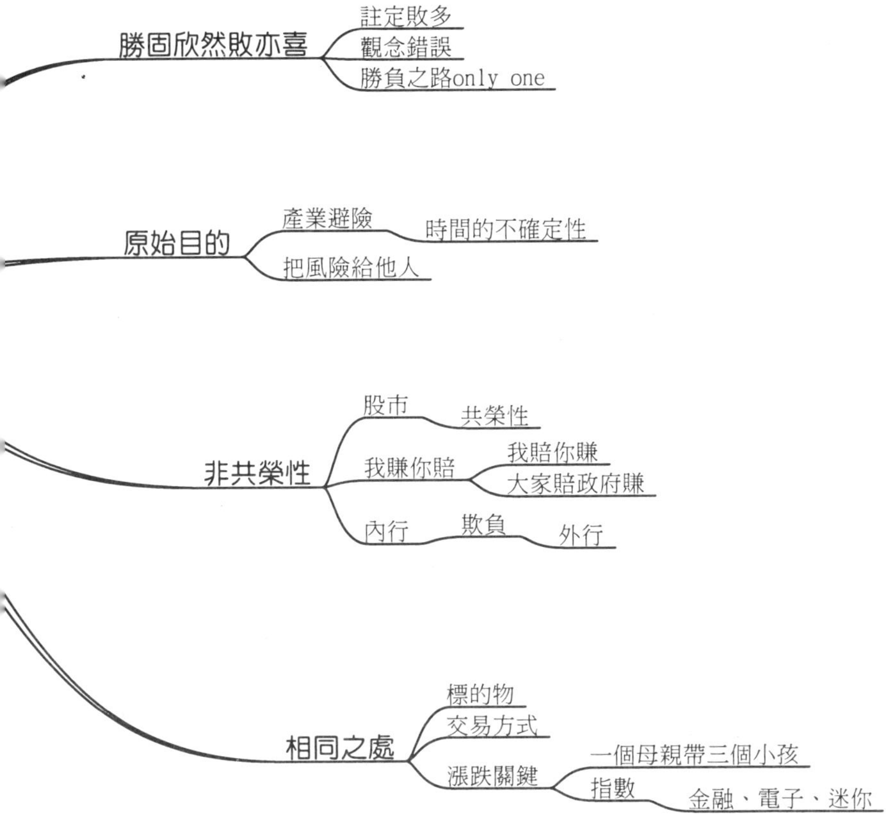

勝固欣然敗亦喜
- 註定敗多
- 觀念錯誤
- 勝負之路only one

原始目的
- 產業避險 ── 時間的不確定性
- 把風險給他人

非共榮性
- 股市 ── 共榮性
- 我賺你賠 ── 我賠你賺 / 大家賠政府賺
- 內行 ── 欺負 ── 外行

相同之處
- 標的物
- 交易方式
- 漲跌關鍵 ── 一個母親帶三個小孩 / 指數 ── 金融、電子、迷你

　　木桑大贊袁承志心思靈巧，讓他九子，與他下了一局。袁承志雖然不懂前人之法，然而圍棋一道，最講究的是悟性，常言道：「二十歲不成國手，終身無望。」意思是說下圍棋之人如不在童年成名，將來如何再下苦功，也終是碌碌庸手。

　　如蘇東坡如此聰明之人，經史文章、書畫詩詞，無一不通，無一不精，然而圍棋始終下不過尋常庸手。成為他生平一大憾事。他曾有一句詩道：「勝固欣然敗亦喜」，後人贊他胸襟寬博，不以勝負縈懷。

　　豈知圍棋最重得失，一子一地之爭，必須計算清楚，毫不放鬆，才可得勝，如老是存著「勝固欣然敗亦喜」的心意下棋，作為陶情冶性，消遣暢懷，固無不可。不過定是「欣然」的時候少，而「敗喜」的時候多了。穆人清性情淡泊，木桑和他下棋覺得搏殺不烈，不大過癮，此刻與袁承志對局，竟然大不相同。

　　袁承志與此道頗有天才，加以童心甚盛，千方百計的要戰勝這位師伯。這一局結果雖是木桑贏了，可是中間險象環生，並非一帆風順的取勝。

　　　　　　　　　　　　　　　　節摘自『雪山飛狐』

　　何止圍棋勝敗之道只有一種，期貨勝敗之道也只有一種而已。天下萬物原本道理皆相似，正所謂：「一理通，則萬

理通。」

　　*　　　　　*　　　　　*

　　在國外期貨市場上，有各式各樣的商品，如食物中的小麥、大麥、咖啡豆……，貴金屬中的黃金、白銀、紅銅、鋁……等，或者石油、外匯、指數、選擇權……等金融衍生性商品。其中包含了許多的物質以及非物質。這些商品只要它們本身具有「時間價值」，都可以演變成為期貨商品。因為它們都具有「時間的不確定性」，所以可以發展期貨，用來規避本身風險。這樣的做法，其實也等於是把自己風險推卸給其他人，是一項「利己損人」的投資工具。

非「共榮性」

　　這項交易模式對於有遠瞻性的經營者而言，無疑是一項利器，譬如食用油業者若預先知道下一季黃豆會生產不足，自己為了避免損失，就可以先買進下一季的黃豆期貨，避免自己的變動成本增加。而不知情的人，看到黃豆行情大漲，基於平衡的原則，就容易被矇騙去賣空黃豆期貨。於是經營者避開了風險，不知情者卻承受了傷害。

　　不可諱言地，期貨本身就是一場內行人欺騙外行人，大家彼此從欺騙、隱瞞開始的經濟活動。這市場結構絕對不是「共榮性」，有人賺錢，絕對是有人賠出來的，或者少賺分出來的，這與股票市場的「共榮、共枯性」迥然不同。

台灣期貨內容

　　台灣本土期貨沒有國外的複雜，現在真正屬於台灣本土期貨市場的項目並不多樣，只有從台北股市衍生出來的幾種商品而已，現今只有開放七種商品而已，如下：

①台股指數期貨

②電子股指數期貨

③金融股指數期貨

④迷你台指期貨

⑤選擇權之認購權證

⑥指數選擇權

⑦個股選擇權

　　這七種商品都是屬於金融衍生性的商品，而除了「認購權證」與個股選擇權之外，其他五種商品都是屬於指數型期貨。

　　在選擇權中，指數與個股選擇權是由交易所開辦，而「認購權證」則屬於綜合券商所專屬發行。除了「認購權證」外，其他期貨商品的成交量都任由市場機能決定。以「認購權證」而言，大部分券商都只發行二萬個單位，一年到期為主。這項商品真正的作用是屬於券商拿錢賺利息，至於券商們是否有與客戶對賭，不作基本數目的建立，就只有券商自己捫心自問才知道了，它不在我們討論的範圍。因為「認購

權證」比較不具有期貨市場的交易價值。我們在此不予多討論。

　　而指數及個股選擇權，則是期貨市場的新寵兒，雖是新產品，本身的靈活性卻不如指數期貨，不過如果與個股、指數彼此結合，拿來作「套利」與「避險」，卻又展現出另一種靈活的操作風格。我們會在第16篇「選擇權不符合趨勢」中，討論它與指數、個股之間的套利、避險作法。

差異處

　　所以追根究底，我們可以說台灣的期貨市場，除了選擇權外，真正在買賣交易的只有四項商品，那就是：

①台股指數期貨

②電子股指數期貨

③金融股指數期貨

④迷你台指期貨

以下的報價就是這四種期貨商品的報價系統。

　　這四種商品的同質性相當高，尤其是現在的電子股佔了大盤比重約七、八成的成交量，造成台股指數期貨走勢，就與電子股指數期貨走勢，極大的類似（除了成交口數外）。

合約名稱	買 價	賣 價	成 交	漲 跌	單 量	開 盤	今 高
Mi台指	-	-	4457	-122	-	4578	4579
Mi台指U2	4416	4417	4422	-118	-	4575	4575
Mi台指V2	4400	4401	4396	-128	-	4528	4550
Mi台指Z2	4320	4450	4363	-157	-	4400	4401
Mi台指H3	4333	4400	4425	-106	-	4400	4400
Mi台指M3	4399	4599	4300	-268	-	4500	4500
電子期	-	-	205.33	-6.10	-	211.37	211.58
電子期U2	203.40	203.50	203.50	-6.50	-	210.00	210.80
電子期V2	202.75	202.80	202.80	-6.40	-	210.10	210.10
電子期Z2	200.00	203.90	200.10	-6.90	-	203.00	203.00
電子期H3	201.00	210.00	-	-	-	-	-
電子期M3	-	220.00	-	-	-	-	-
金融期	-	-	634.4	-13.7	-	648.0	648.0
金融期U2	622.0	624.0	622.4	-17.6	-	638.0	642.2
金融期V2	620.0	621.6	620.0	-13.2	-	638.0	638.8
金融期Z2	610.0	658.0	633.6	-17.6	-	628.0	628.0
金融期H3	605.0	655.0	-	-	-	-	-
金融期M3	-	690.0	-	-	-	-	-
台指期	-	-	4457	-122	-	4578	4579
台指期U2	4422	4423	4422	-118	-	4550	4558
台指期V2	4396	4398	4396	-128	-	4522	4539
台指期Z2	4363	4450	4363	-157	-	4549	4549
台指期H3	4351	4475	4425	-106	-	4501	4501
台指期M3	4250	4301	4300	-268	-	4351	4351

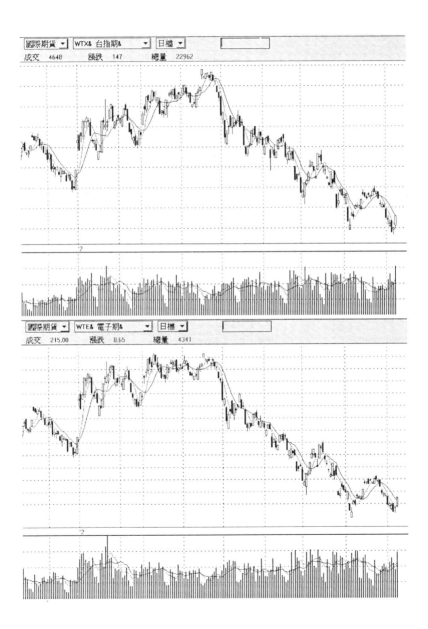

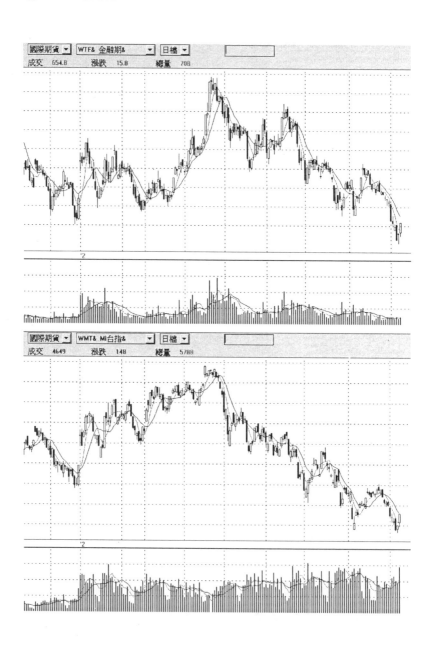

　　在以上的四個附圖中，我們可以發現迷你台指期貨只不過是台指期的縮小翻版而已，它以後被我們討論的空間也不多。至於電子期（電子股指數期貨簡稱）和台指期（台股指數期貨期），走勢卻非常相似。但是，金融類股雖然包含在加權指數裡面，可是金融期（金融股指數期貨簡稱）卻自己有自己一套的走勢，不與台指期走勢同步，主要原因在於金融類股佔大盤的比重並不高的緣故，並且自己有屬於自己的生態系統。我們再看下一張圖就知道了。

各類股成交量分析

4668.01　　687.67
(+134.74) (　　0.00)

類股	成交張數	比率%	成交金額	比率%	類股	成交張數	比率%	成交金額	比率%
加權	2,697,492	-	687.67	-	橡膠	24,921	0.92%	5.27	0.76%
水泥	25,096	0.93%	2.20	0.31%	汽車	22,401	0.83%	6.61	0.96%
食品	17,642	0.65%	1.89	0.27%	電子	1,626,500	60.29%	544.44	79.17%
塑膠	137,640	5.10%	24.11	3.50%	營建	89,800	3.32%	2.58	0.37%
紡織	102,926	3.81%	13.47	1.95%	運輸	33,706	1.24%	3.57	0.51%
電機	42,182	1.56%	9.02	1.31%	觀光	4,830	0.17%	0.40	0.05%
電器	70,879	2.62%	3.76	0.54%	金融	188,851	7.00%	31.05	4.51%
化工	50,026	1.85%	8.89	1.29%	貿易	7,981	0.29%	1.05	0.15%
玻璃	3,574	0.13%	0.27	0.03%	憑證	-	-	-	-
造紙	23,336	0.86%	1.77	0.25%	公司	-	-	-	-
鋼鐵	78,987	2.92%	9.00	1.30%	其它	123,272	4.56%	13.25	1.92%

從上圖中就可以看出代表現今股市的生態，若以成交量而言，電子類股獨占鰲頭。這也難怪電子股走勢會與加權指數的走勢雷同，因為加權指數就如同是電子股再加件衣服罷了。而金融類當天股只佔了4.51％的成交金額，難怪無法與大盤同步走勢。

相異卻相同

期貨雖有四種商品，其實都是同一模式，而我所說的同一模式，是指「標的物」雷同，「交易方式」相同，「漲跌的關鍵」也相似。所以，只能把它們歸類到同樣一種商品。也就是說，台灣期貨看似有四種的商品，其實以種類而言，只是單一期貨商品的衍生產品罷了。

29頁圖為現在台灣期貨交易的流程，可以看出仍然是較為簡單的系統。筆者所擔任的角色，就是直接面對客戶的第一線期貨經紀商經理人。

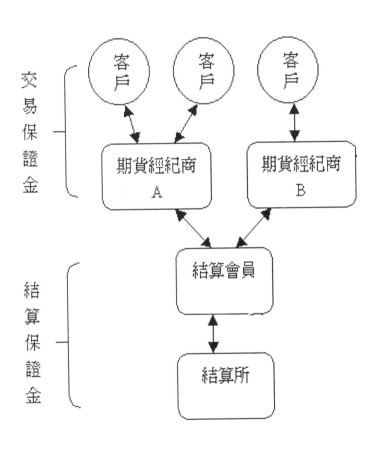

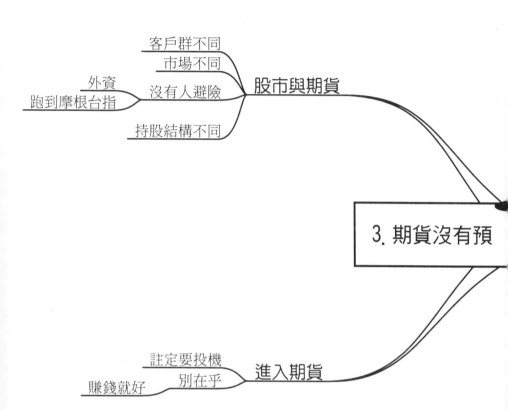

客戶群不同
市場不同
外資
跑到摩根台指　沒有人避險　股市與期貨

持股結構不同

3. 期貨沒有預

註定要投機
別在乎　進入期貨
賺錢就好

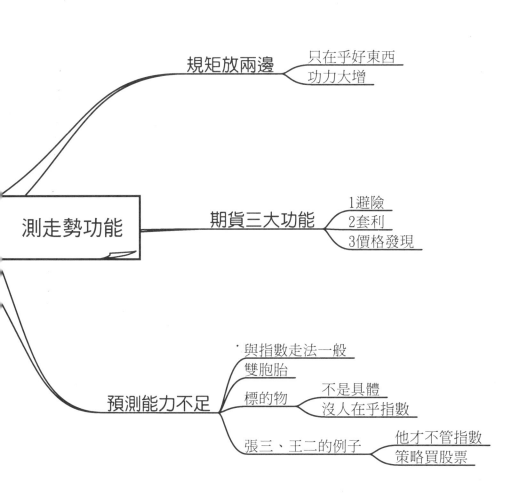

測走勢功能

規矩放兩邊 ─ 只在乎好東西
　　　　　　 功力大增

期貨三大功能 ─ 1避險
　　　　　　　 2套利
　　　　　　　 3價格發現

預測能力不足
・與指數走法一般
雙胞胎
標的物 ─ 不是具體
　　　　 沒人在乎指數
張三、王二的例子 ─ 他才不管指數
　　　　　　　　　 策略買股票

　　覺遠卻似沒聽到她的話，繼續念道：「……力從人借，氣由脊發。胡能氣由脊發？氣向下沉，由兩肩收入脊骨，注於腰間，此氣之由上而下也，謂之合。由腰展於脊骨，布於兩膊，施於手指，此氣之由下而上也，謂之開。合便是收，開便是放。能懂得開合，便知陰陽……」他越念聲音越低，終於寂然無聲，似已沉沉睡去。郭襄和張君寶不敢驚動，只是默記他念過的經文。

　　斗轉星移，月落西山，驀地裡烏雲四合，漆黑一片。又過一頓飯時分，東方漸明，只見覺遠閉目垂眉，靜坐不動，臉上微露笑容。

　　張君寶一回頭，突見大樹後人影一閃，依稀見到黃色袈裟的一角。他吃了一驚，喝道：「是誰？」只見一個身材瘦長的老僧從樹後轉了出來，正是羅漢堂首座無色禪師。

　　郭襄又驚又喜，說道：「大和尚，你怎地苦苦不捨，還是追了來？難道非擒他們師徒歸寺不可嗎？」無色道：「善哉，善哉！老僧尚分是非，豈是拘泥陳年舊規之人？老僧到此已有半夜，若要動手，也不等到此時了。覺遠師弟，無相師弟率領達摩堂弟子正向東追尋，你們快快往西去罷！」卻見覺遠垂首閉目，兀自不醒。

　　張君寶上前說道：「師父醒來，羅漢堂首座跟你說話。」覺遠仍是不動。張君寶驚慌起來，伸手摸他額頭，觸手冰冷，原來早已圓寂多時了。張君寶大悲，伏地叫道：「師父

，師父！」卻那裡叫他得醒？

節摘自『倚天屠龍記』

　　張君寶、郭襄、無色禪師三人，聽了一宿「九陽神功」之後，發展各異，不過，功力都因此大增。這是因為他們在乎的是好東西的精髓，誰還會拘泥在陳年舊規裡呢？既然如此，我們也來看期貨市場裡真正應該在乎什麼？

　　　　　　＊　　　　　　　＊　　　　　　　＊

三大功能

　　如果讀者曾經接觸過期貨市場的話，大概都會知道期貨公司常說國外的期貨有三大功能，那就是

1. 避險

2. 套利

3. 價格發現

　　所謂的價格發現，就是「預測走勢」，也就是期貨會先於該樣商品的價格走勢。這樣的理論或許只適合國外的實體期貨商品。很可惜的，在國內的金融衍生性商品裡，指數型期貨沒有如此偉大。

預測能力不足

為何筆者要說期貨市場的預測能力不足呢？我們先比較以下的兩個圖形，第一幅是加權指數走勢圖，第二幅是台指期走勢圖，之後我們就知道了。

有沒有發現其中的不同處？除了在標題上直接標明是加權指數和台指期以外，再來就是成交量的不同之外，兩個圖形根本就如同是雙胞胎嘛！所以，我們從走勢圖形中發現，本土台股指數期貨並沒有價格發現的功能。

為什麼？

想要知道嗎？好！聽我詳述。

原因在於台股指數期貨的「標的物」上，「標的物」的本身並沒有任何實質上的意義，這點的差異和當初國外期貨設立的本意相差甚遠，當初期貨的本意是用來規避長期價格風險的。所以，標的物都是實質的商品，像是美金、馬克、黃金、白銀、小麥、黃豆等等的實質商品，如果遇到有需要規避風險的人，他就會去使用期貨去避險。

而台灣加權指數對一般股市投資人而言，似乎沒有任何實質上的意義。例如：張三有十張台積電，二十張廣達，五

十張彰銀股票，今天他的台積電漲1元，廣達跌1.5元，彰銀漲0.3元，加權指數卻跌150點，這加權指數漲跌會對他的權益有影響嗎？應該沒有影響吧！

會影響張三權益的，應該是張三持有之股票的漲跌，大盤又如何影響他呢！甚至於應該反向來說，是他的持股漲跌影響了加權指數，而不是加權指數影響張三的持股。因為加權指數，只不過是全部股票的集合統計罷了。

所以，持有不多家上市股票者，他們不會笨到去利用加權指數來避險，因為他的持有股票不會與加權指數有相同的起落，當然也就更不會與台指期貨一起「漲跌」了。所以，像張三這樣的投資人，當然是不會使用台指期數的。而這也是為什麼台指期貨無法有效的去預測走勢，卻只能與大盤走勢一致的真意。

更深的真意

如果探索到更深沉的境界，你會發現其實是持股者的不同，股票市場持股者是投資上市（櫃）公司的人，而期貨市場卻是避險者、套利者、投機者的天下。

我們從張三的例子知道，他不可能利用自己的持股去買賣期貨，那他就不可能是避險者和套利者，因為他無法讓自己持股與期貨產生關聯。而若張三想要介入期貨的話呢！他只有成為最後唯一的選擇，那就是——成為投機者。

正因為台灣指數期貨，充滿了像張三這樣的人，也幾乎所有的期貨買賣家都是投機者，不管他們承不承認（之後會討論原因）。所以，也讓台指期貨變成沒有預期的功能，這是因為投機者是不需要避險與套利的，他們的目的是只要能賺到錢，其他的誰還會在乎呢？

持股結構的不同

持股人結構的不同，讓期貨與股市分家，因此，台指期它本身已經失去期貨本質的功能，可是兩者確有相當大的關聯性在，這唯一也是最大的關聯，就是結算日。

有結算日，會使得投機者緊緊依靠著大盤走，看清楚是跟隨著大盤走，而不是預先大盤的走勢。

誰在乎？

不過就筆者所推崇的順勢觀念而言，也不在乎誰在市場上扮演什麼角色，是投機者也罷，是避險者也罷。我們更在乎的是市場交易的規律性，只要能把規律性找到了，市場操作就會有依循的標準，爾後我們就可以利用這個標準，來發展出一套操盤的策略，這才是我們真正在乎的東西。

所以，台灣期貨沒有預測走勢的功能也無妨，我們只要知道期貨的內涵，就是這付德性，自己心裡有個底就好。

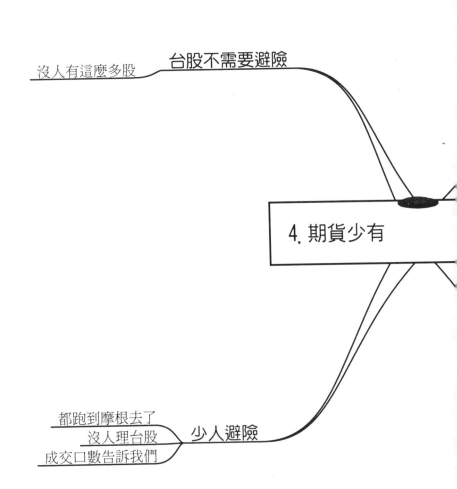

沒人有這麼多股　台股不需要避險

4. 期貨少有

都跑到摩根去了
沒人理台股　少人避險
成交口數告訴我們

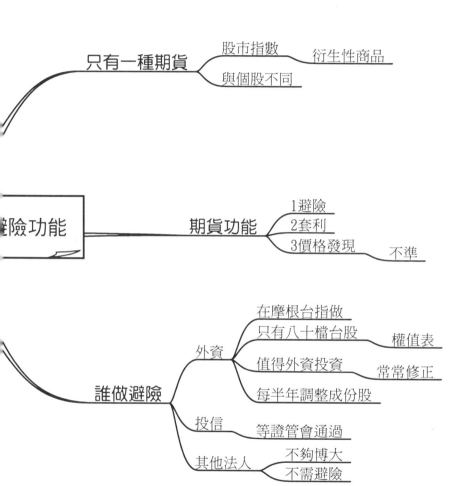

　　我們在前一篇說過期貨有三大功能，第三項的「價格發現」，也就是預測功能，已經被我們證實，不存在於台灣期貨市場。接下來，我們再看看，台灣期貨市場是否具備有「避險」功能？

　　任何期貨若要是沒有避險功能，那它就不能稱之為「期貨」，因為期貨市場存在的意義，就在於可以「以金錢換取時間」，而它的作用就是避險。這在國外的期貨市場，是完全合理的，可是避險功能，若使用在金融衍生性商品上，就顯得有些奇怪。

　　在國外期貨的避險者，一定是持有該樣商品的人，譬如：有黃金的人作黃金險期貨避險，有小麥的人作小麥期貨避險，這點大家都沒有疑問。可是指數期貨呢？撇除期貨本身之外，難道有人完全靠加權指數上漲，就可以斷定自己持股賺錢或賠錢嗎？不！當然是沒有這樣的商品！

金融衍生性期貨

　　至於國內的本土期貨，扣除選擇權外，雖然還有數種之多，不過，種類卻都只能歸納為一種類型，就是「指數性期貨」。相對的，所謂的本土避險者，也必須要因為加權指數漲跌導致自身權益的盈虧才需要避險，請注意是整個加權指數或整個金融、電子類股。而又因為加權指數是全體上市公司累積起來的數字，所以，若本身沒持有這麼多種的股票，

那麼，在做避險的動作，似乎就有點「文不對題」，甚至於
「牛頭不對馬嘴」。

外資呢？

有人會說，外資不就是常常利用期貨作避險的動作嗎？
怎能說沒有呢！

沒錯，外資會做避險的動作，不過它是在他們自己的摩
根台指期貨裡面做避險，而不是做在台灣本土台指期裡面避
險。而且據證管會統計外資歷年以來，截至民國92年為止，
整體外資包括外國專業投資機構（QFII）及一般境外僑外資
（NON-QFII），共累計匯入淨額約422.31億美元。又根據前
財政部長李庸三的說法，外資之中有從事期貨避險的資金約
有20億美金。相當整體外資的5％，所以，看來外資自己也少
用避險功能。這表示了，外國的和尚未必都在唸經。

而且摩根台指成分股也只有八十幾種而已，其目的就是
為了讓外資有個相對安全的投資保障，一旦外資短期看空台
股時，外資操盤手為了確保自己基金資本的安全，他們就可
以在摩根台指期貨裡放空相當於自己持股的比率。這與我們
現在的台指期毫無相關，所以，外資是不會參加、也不想參
加我們本土指數期貨的。

並且摩根台指成分股只有八十幾檔的目的，也是宣示外
資只看好我們國內八十幾檔的股票而已，我們市場號稱上市

（櫃）有上千家的公司，而人家卻只挑中八十檔，並且隨時會變，其原因是為了與外資的持股相符。

如果讀者細心的話，就會發現，摩根常常會在年初與年中，調整摩根台指成分股的權重比例，其目的就是為了與台灣的外資的持股相符合。總而言之，外資的期貨市場是在國外，而不是國內指數期貨。

下圖是摩根台股成分股與其權值的比例。

SIMEX 摩根台指期貨權值表

代碼	公司	權重(%)	代碼	公司	權重(%)	代碼	公司	權重(%)	代碼	公司	權重(%)	代碼	公司	權重(%)
2330	台積電	15.27	2886	交銀金	1.00	2347	聯強	0.52	2411	飛瑞	0.18
2303	聯電	9.11	2806	中銀	0.98	2201	裕隆	0.50	2314	台揚	0.18
2317	鴻海	4.21	2308	台達電	0.94	2386	國電	0.49	2316	楠梓電	0.17
1303	南亞	3.72	2890	建華金	0.92	2301	光寶	0.47	9917	中保	0.17
1301	臺塑	3.59	2346	源興	0.87	2312	金寶	0.43	1503	士電	0.15
2883	開發金	3.05	2377	微星	0.86	1802	台玻	0.43	2609	陽明	0.15
2357	華碩	2.98	2349	錸德	0.83	1504	東元	0.42	2396	精碟	0.15
2891	中信金	2.52	2801	彰銀	0.79	2381	華宇	0.40	2526	大陸	0.14
2882	國泰金	2.46	2356	英業達	0.79	2105	正新	0.39	2006	東鋼	0.11
2382	廣達	2.39	2323	中環	0.77	1602	太電	0.39	2913	農林	0.11
2881	富邦金	2.29	2325	矽品	0.76	2394	普立爾	0.35	2903	遠百	0.11
2002	中鋼	1.93	1216	統一	0.75	2332	友訊	0.35	2373	震旦行	0.10
1433	臺化	1.74	1402	遠紡	0.72	1451	年興	0.30	2104	中橡	0.08
2324	仁寶	1.64	2342	茂矽	0.69	2343	精業	0.30	2515	中工	0.08
2344	華邦電	1.64	9904	寶成	0.67	1434	福懋	0.29	2506	太設	0.05
2352	明電	1.62	2371	大同	0.66	1101	台泥	0.29			
2353	宏碁	1.55	2887	台新金	0.65	1102	亞泥	0.28			
2826	世華銀	1.44	2345	智邦	0.64	1310	台苯	0.25			
2880	華南金	1.29	2376	技嘉	0.63	1604	聲寶	0.25			
2409	友達	1.26	2808	北商銀	0.58	2610	華航	0.23			
2379	瑞昱	1.20	2204	中華	0.58	2603	長榮	0.23			

2311	日月光	1.19	2327	國巨	0.58	1717	長興	0.22			
2388	威盛	1.18	2313	華通	0.54	9921	巨大	0.19			
2802	一銀	1.10	1605	華新	0.54	2501	國建	0.19			
2337	旺宏	1.09	2912	統一超	0.52	2333	碧悠	0.18			

投信呢？

那與外資持股類似的還有兩者，那就是號稱三大法人的另外兩人，投信與自營商。它們是會不會在國內操作期貨買賣呢？

很抱歉，根據證券法規定，投信與自營商兩者的業務，並沒有包括買賣期貨這一項業務。也就是說，投信、自營商都還不能從事期貨避險，它們只能單純買賣股票（甚至不能融資券），期貨這塊大餅，它們看得到，卻吃不到，所以，在國內最有資格從事避險的人，卻不能從事避險。

不過最近期證管會已經在研擬，開放投信本身可以從事期貨避險。這樣一來，在真正實施時候，需要避險的人有了可避險的工具，對於投資基金的投資人而言，無疑是多了一層保障，也不至於讓投信業者常常為了自己基金的淨值，在亂砍亂拉抬股票，破壞股票市場秩序。

然而就算實施，也只能替自家基金避險而已，對於市場廣大的投資者而言，避險這項功能，似乎也沒有多大作用。

其他法人呢？

其他的法人，只剩下一般普通公司與財團法人，依法它們是可以從事期貨買賣的，不過到目前為止，並沒有任何一家公司是以操作股票市場為主要業務的，也就是說，台灣的其他法人與財團，持有股票都不會太廣博。所以，對它們而言，個股的表現重於大盤指數的表現，所以，它們也不需要做避險動作。

綜合以上所有可能避險的人，都不會在台灣期貨市場從事避險的結果。我們可以得知，台灣期貨顯然沒有避險者的存在。既然沒有需求者，當然就沒有這方面的市場，所以，

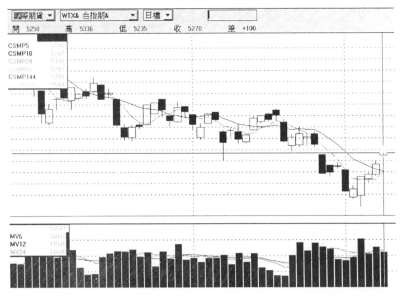

我們可以說，台灣期貨沒有避險的功能。

由附圖得知期貨市場的成交量大小，期貨市場若有三大法人介入的話，成交量就不會維持在日平均成交量15000口左右，而應該會增加到每日成交量20000～30000口左右。

剩下誰？

我們討論台灣期貨有沒有避險的功能，主要的目的，是在探討期貨市場的投資人結構，如果讀者有看過我的另一本著作『籌碼決定論』一書的話，就會知道市場價格的漲跌，其實都是操控在籌碼的移動上，而不是所謂的基本面影響，更不是落後指標的技術分析在影響，完全是籌碼結構的改變而影響價位的漲跌。籌碼移動到買方，則價位上漲，籌碼移動到賣方，則價位下跌，而參與投資者的結構就決定籌碼移動的類型。

我們知道投資期貨，一般由三種人組成

1. 避險者
2. 套利者
3. 投機者

由這三者組合而成。

既然現在我們知道，避險者的存在不多的話，那麼期貨市場就只剩下套利者和投機者而已了。在下一章，我們會再探討套利者和投機者在期貨市場上所扮演的角色。

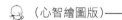

樸拙，渾厚　　　朱銘太極系列

二流作品　　　學徒之手　　　「重劍無鋒 ， 大巧不工」

漸進過程

5. 期貨少有

指數成分複雜
難有平衡之處
執行的難處　　看得到、吃不到　　套利難處
容易被結算
資金要雄厚　　　近遠套利

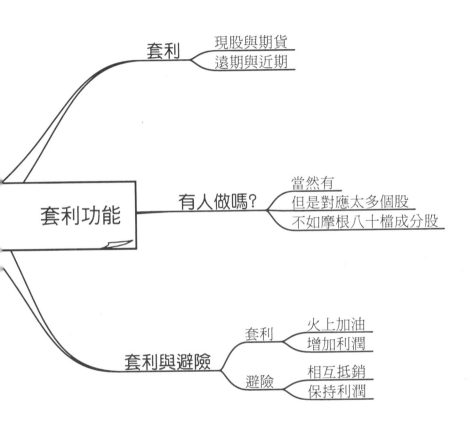

楊過再伸手去提第二柄劍，只提起數尺，嗆啷一聲，竟然脫手掉下，在石上一碰，火花四濺，不禁嚇了一跳。

原來那劍黑黝黝的毫無異狀，卻是沉重之極，三尺多長的一把劍，重量竟自不下七八十斤，比之戰陣上最沉重的金刀大戟尤重數倍。楊過提起時如何想得到，出乎不意的手上一沉，便拿捏不住。於是再俯身會起，這次有了防備，提起七八十斤的重物自是不當一回事。見那劍兩邊劍鋒都是鈍口，劍尖更圓圓的似是個半球，心想：「此劍如此沉重，又怎能使得靈便？何況劍尖劍鋒都不開口，也算得奇了。」看劍下的石刻時，見兩行小字道：

「重劍無鋒，大巧不工。四十歲前恃之橫行天下。」

楊過喃喃念著「重劍無鋒，大巧不工」八字，心中似有所悟，但想世間劍術，不論那一門那一派的變化如何不同，總以輕靈迅疾為尚，這柄重劍不知怎生使法，想懷昔賢，不禁神馳久之。

節摘自『神雕俠侶』

真正的期貨高手如同獨孤求敗的「重劍無鋒，大巧不工」一般，已不注重表面上的鋒利，而是求內在的充實。在其文中的「鋒」與「工」，在期貨市場上，就是見樹不見林的「套利行為」。

可是這卻是漸進的過程，例如名雕刻家朱銘所雕刻的太

極系列，雕琢的極為簡略、樸拙，可是神韻、氣勢卻甚為傳神；若這作品是出自於一位學徒之手，必定會被認為是件未完成的二流作品，而不是一等一的佳作。由此可知，若要無鋒、不工，得先學會「鋒」與「工」。

$$* \qquad * \qquad *$$

在前一篇當中，我們已經把避險者從期貨市場上除名，現在市場上就只剩下套利者與投機兩者，我們再來討論台灣期貨市場的套利者。

何謂期貨套利？

期貨套利就是同樣的產品性質，不同標的物或不同的時空，當兩者出現不應該有的利差時，所進行的一種賺取其中利差的行為。

在指數期貨上做套利動作，現在有下列二種方式：

1. 現股與期貨之間的套利。

2. 遠期與近期期貨之間的套利。

這兩者的套利，都是依附在一個觀念之下進行的，就是期貨價格最後終究會與現貨價格一致。

在這種套利觀念之下，1.當加權指數與期貨指數兩者出現超過交易費用與定存利率以上的點數時，就一定會有人去做套利動作，因為這是賺價差，且完全無風險的交易行為。

2.當遠期期貨與近期期貨，兩者出現超過交易費用與定

存利率以上的點數時，一樣會有人去做套利動作，因為這也完全是無風險的行為。

有人做嗎？誰？

市場上的確有人在從事套利行為，而且每個月都會發現其操作的蹤跡。

外資，外資會如此做，可是我們不是說過，外資不會買賣台灣的期貨嗎（註釋1）？為何它又會做呢？

答案是：外資會在「摩根台指」做，而不是在台指期貨上做，如果是大型的外資，它們的持股勢必會與摩根成分股的比例相彷。

所以，一旦出現利差時，外資也不會放著套利不做。而要套利的第一個工作，勢必會「買賣」我們台股裡面的摩根成分股，而當我們的摩根成分股受到外資的動作而波動時，加權指數也會跟著波動，最後整個市場也會形成一股買氣的騷動。如果讀者有觀察股市習慣的話，就會發現常常會有一些電子的龍頭股，如台積電、聯電、鴻海，在平靜無浪的交易當中，突然開始急拉或急殺，有許多時候，就是外資在做套利的動作所引起的軒然大波。

最有名的一次外資套利，是發生在民國89年時，當時新舊政府輪替，國內政治、經濟非常不隱定，國安基金奉命護盤，並且破天荒的買了一萬餘口的台股指數期貨多單，期望

期貨能引導大盤向上走揚（可惜操盤人沒有筆者之期貨不能預測股市走勢的觀念）。

可惜事與願違，大盤指數仍然天天下滑，眼見虧損嚴重，當時又接近結算日，證管會、財政部三令五申請各路人馬去喝咖啡。結果外資還是不買帳，在台指結算日當天（註釋2），一開盤就拼命賣它們的持股，把當時開盤價，一開盤就跌了一百多點，台積電、聯電當時都開出跌停價，把市場所有的人都看傻眼了，隨後台積電、聯電股價才陸續回升，因為當時外資就是在永昌證券賣出股票的，筆者當時也在永昌證券擔任證券經理人以及期貨IB的經理人，記憶非常深刻，這等於是外資偷打了國安基金一記悶棍。後來證管會還因此召見永昌證券的負責人，狠狠修理了一頓。還要永昌證券提出相關的交易資料，審查非常的嚴苛，可是外資依法行事，各方面資料皆完備，最後證管會也只能不了了之。

這次的事件，國安基金逆勢操作，在期貨上頭就虧損將近10億元。而外資當時並沒有佈空單在台指期貨，但是，它們是「避險」在摩根台指上面，因為結算日的不同，所以，當時對它們沒有結算的壓力，做賣空台股動作，只是看準國安基金為了護盤，不會去平倉（註釋3），勢必會讓它純粹結算，所以外資它們看準了其中的不平衡處，套摩根台指與現貨之間的利差，國安基金操盤手只是被外人看破手腳，被人利用了一下而已，其實外資還是只關心，它們自己的現貨與

國際期貨 ▼	WTX00 台指期	▼	週檔 ▼		
成交	漲跌		總量 0		

摩根台指期貨之間的平衡。

　　這其中請注意，套利與避險是有些明顯差異，套利等於是火上加油，增加利潤空間。而避險則是相互抵銷，以保持利潤繼續存在，兩者不可搞混。

　　由上圖中可以看出，台股在89年時由一萬點，下跌至四千多點。外資當時雖也持有台股，不過都已經在摩根台指期貨做了「避險」動作，它們的投資利潤，已經鎖定在8000點附近的空間，這種行為又可稱做為「鎖單」。

還有誰

　　由上述的例子當中，我們知道外資很會把握任何機會做

套利動作，可是它們卻不會在國內期貨上做（註釋1），因為已經說的很清楚了。

可是套利還是很迷人的，任何熟悉金融操作的人，都應該會去做這種無風險的投資，可惜我們的投信、自營商也不能參與，再下來，就只剩下國內一些的綜合券商會處理這樣的事情。

套利難處

國內券商礙於它們的格局較小，而且資金大多來自個別的客戶，買的現貨也是只能一些佔指數比重較大的大型股，仍然無法維持很好的比例，有時候大型股漲，指數卻沒有隨預期的上漲比例。許多人嘗試了幾次失敗之後，都已經轉向操作「摩根成分股」和「摩根台指」間的套利。用買一籃子（註釋4）的方式，解決現貨的問題。

另一個套利的難處在於「看得到、吃不到」，往往眼看有利差可套，可是實際執行時，卻發現真正交易點的準確度不足，很難買賣到理想價位。例如，台積電要80元買進，可是80元股價一直是內盤價無法成交，當決定多花0.5元買進的時候，卻發現股價又已經跳升至81元了。這時再做套利，利潤就不大了。

所以，在國內期貨中只純粹做套利的行為，已經屬於非常罕見的事情。除非是遠期和近期的套利，不過由於「近期

期貨」與「遠期期貨」都容易被盤面的漲跌而被結算掉，這方面的套利也剩下少數財力雄厚的人在從事罷了。

沒有套利功能

國內期貨由於成分複雜，不像摩根台指簡單。所以，從事套利的人也是寥寥可數，甚至於完全沒有，若是想要有的話，大概只能在金融期和電子期上這兩者方面。對於大盤台指期貨而言，可說是與套利絕緣。

而我們在一開始說的期貨三種投資人避險者、套利者、投機者，現在就只剩下一人而已，那就是投機者，所以，不管你承不承認，我都要跟你說，投資台股期貨者，就是投機者，不管是用什麼理由參加期貨市場，只要加入台股期貨，那就是投機客。

千萬不要以為是投機客就是不好的名稱，筆者只是要讓讀者確認市場的本質，因為市場的交易品質一定會被所消費者的行為所影響，造就出不同於其他的市場風格，了解市場風格才是我們分析者的最大目的。例如，台灣市場的黑人牙膏賣的很好，擺在美國就不行了，因為牽扯到種族問題，所以，必須換個名字。而美國的吉利刮鬍刀賣的很好，可是在台灣就不一定吃香，因為消費者的消費習慣不同，當然市場的消費行為也會跟著不同，市場風格當然也會因此而改變。

市場都是投機客

　　台灣期貨市場客戶群由於三缺二，所以，我們可以簡單地說市場都是投機客，既然都是投機客反而好辦，因為只有一種人，應付起來反而容易多了。這種市場的反應模式反而容易預測，只要知道投機客當下會怎麼想就好了，然後做出與他們不同的操作模式，包準能賺錢。因為期貨市場也不脫「二八法則」，二成的人，賺八成人的錢，這就是順勢雙刀流創立的基本理論。

（註釋1）台灣期貨成分股涵蓋所有上市公司，而摩根台指成分股只有八十幾檔股票，兩者差太多。

（註釋2）台指期貨當期的結算日是每個月的第三週的星期三，而沒有沖銷的倉口，結算價會以結算日的後一天，開盤十分鐘後的加權指數，作為結算價。而摩根台指的結算日是每月最後倒數第二個交易日，當天收盤為結算價。

（註釋3）如果國安基金當天反手平倉的話，一萬多口的期貨空單，勢必會把期貨價位打的希哩嘩啦的，那就失去支撐盤面護盤的意義了。

（註釋4）一籃子是指把一些股票按照一定比例，組合好，一旦要買賣，只要啟動預先設定好的電腦程式，就可以一下即買滿或賣出全部的股票。

一年五期

剩下都冷淡
因為都是投機客　　　近期最熱鬧　　　台灣股市期貨

短視

6. 零和

想要利用零和原理
帶領大盤
不知期貨無預測功能　　國安基金
鎩羽而歸

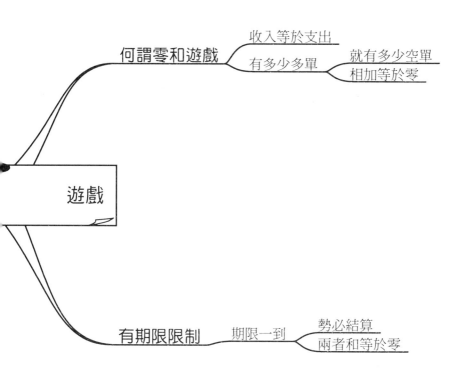

　　段譽未喝第三碗酒時，已感煩噁欲嘔，待得又是半斤烈酒灌入腹中，五臟六腑似乎都欲翻轉。他緊緊閉口，不讓腹中酒水嘔將出來。突然間丹田中一動，一股真氣沖將上來，只覺此刻體內的翻攪激蕩，便和當日真氣無法收納之時的情景極為相似，當即依著伯父所授的法門，將那股真氣納向大錐穴。體內酒氣翻湧，竟與真氣相混，這酒水是有形有質之物，不似真氣內力可在穴道中安居。他卻也任其自然，讓這真氣由天宗穴而肩貞穴，再經左手手臂上的小海、支正、養老諸穴而通至手掌上的陽谿、後谿、前谿諸穴，由小指的少澤穴中傾瀉而出。他這時所運的真氣線路，便是六脈神劍中的「少澤劍」。少澤劍本來是一股有勁無形的劍氣，這時他小指之中，卻有一道酒水緩緩流出。

　　初時段譽尚未察覺，但過不多時，頭腦便感清醒，察覺酒水從小指尖流出，暗叫：「妙之極矣！」他左手垂向地下，那大漢並沒留心，只見段譽本來醉眼矇矓，但過不多時，便即神采奕奕，不禁暗暗生奇，笑道：「兄台酒量居然倒也不弱，果然有些意思。」又斟了兩大碗。

　　段譽笑道：「我這酒量是因人而異。常言道：酒逢知己千杯少。這一大碗嘛，我瞧也不過二十來杯，一千杯須得裝上四五十碗才成。兄弟恐怕喝不了五十大碗啦。」說著便將跟前這一大碗酒喝了下去，隨即依法運氣。他左手搭在酒樓臨窗的欄杆之上，從小指甲流出來的酒水，順著欄杆流到了

樓下牆腳邊，當真神不知、鬼不覺，沒半分破綻可尋。片刻之間，他喝下去的四大碗酒已然盡數逼了出來。

那大漢見段譽漫不在乎的連盡四碗烈酒，甚是歡喜，說道：「很好，很好，酒逢知己千杯少，我先乾為敬。」斟了兩大碗，自己連乾兩碗，再給段譽斟了兩碗。段譽輕描淡寫、談笑風生的喝了下去，喝這烈酒，直比喝水飲茶還更瀟灑。

節摘自『天龍八部』

段譽與人比酒，卻在自己體內大玩「零和遊戲」，自己只是零和遊戲的經手者而已，當然完全不受酒氣的影響，我們也來看看期貨中的零和遊戲，是怎麼玩的？

　　　　＊　　　　　　＊　　　　　　＊

我們說過，台灣期貨市場的成員都是投機客，在了解參與者結構之後，我們再來要談談它的遊戲規則。了解其遊戲規則，將有助於加強投資的應變能力。

股市可說是標準的投資範本，你可以買進一檔上市公司股票之後長期持有，其中當公司賺錢就有利潤可分享，股價也會因此上漲。反之當公司賠錢，肯定沒有利潤分，股價也多數因此會下跌。但是，只要公司不下市，投資人都有可能繼續持有股票，並且保有股東權益，這是股票市場。

然而期貨市場卻不是如此，期貨市場是有時間限制的，一般而言，一年分為四期，再加上最近一月的一期，總共一

年分為五個交易時期。真正有人氣的，卻只有最近的一期。
我們來看看以下實例的附圖：

第一個是近期的期貨走勢圖，第二個是遠期的期貨走勢
圖，由以下兩個附圖上，我們就可以得知，同一標的物，同
一時間，但不同結算日期，就會產生迥然不同的交易量。都
是只有當期的期貨商品，才有足夠的成交量，第二幅圖後面
的量增，就是因為它將轉為近期期貨，許多投資人換倉的結
果。這又說明，當它轉為近期時，才有人氣出現。

為何如此？因為我們說過市場上只有投機客的存在，投
機客當然是無法有長遠的眼光，所以，他們也只以買賣短期
結算的期貨為主。

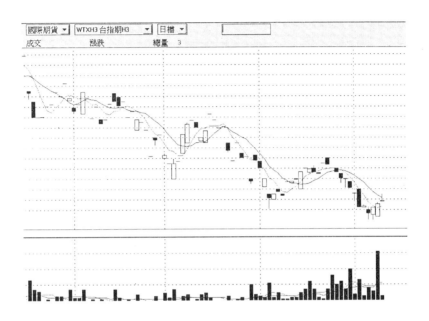

期限限制

期貨因為它有期限限制，再加上任何市場都必須要有人氣才能成為市場，所以，一般而言，講到期貨，90％是指近期的期貨而言。

又因為期貨有結算日，結算日的當天，如果你還有留倉（註釋1），並沒有平倉的話，期貨交易所將會自動替你執行結算動作，它們依照隔日的開盤結果（註釋2），替你結算金額，並給付或扣除金額與你。

請君入甕

這樣有期限的交易，期限一到勢必會結算，就是零和遊戲。我們再來談談上篇國安基金的例子，看他們是想怎樣利用零和遊戲的特性。當初操盤人的如意算盤是這樣子打的，當他們買進期貨的同時，勢必也有人賣空期貨，兩這勢必有交易的存在，國安基金才能買到多頭期指，而賣空的人就是一般的民間游資，所以國安基金持有多頭，而民間游資持有空頭。

操盤人就是想利用交易的不對稱性，而得到壓迫性的回補效果。因為到了結算日當天，如果國安基金還不賣出本身的期指的多單，勢必會讓當初賣空的游資，買不回多單，於是造成回補期指空單的心理，進而造成一股買氣往上推，形成類似軋空的鎖單效果，這時候就算想回補，也沒有賣單可賣，因為賣單都在他們的手上，民間游資只好眼睜睜的看期指上漲，進而影響股市也因此上漲。

這是國安基金操盤人的美夢，我把它定名為「請君入甕」法，可惜因為他們並不懂得期貨沒辦法預測現貨（加權指數）的觀念，於是被外資壞了好事。他們所使用的方法，就是想利用期貨市場的「零和原理」，想要來影響市場的交易行為。

零和原理

何謂「零和原理」，意思就是投資買賣雙方，不扣除所有費用，一正一負，兩兩相加，金額剛好等於零。

這點類似賭博或樂透彩的特性，每一局中都會有贏家或輸家，贏家贏的錢，如果不扣除任何費用，包括稅金，剛好等於全部人拿出來的錢。這就叫做「零和原理」。期貨正好有這樣的特性。

如何運作

在期貨市場上，「零和原理」是怎麼運作的呢？簡單的說，就是當你賺到錢時，就表示有另一人是賠錢的，而且雙方有一定期限。這讓我想到羅馬競技場的規則，雙方格鬥只有一方能離開這個競技場，就是贏的人離開。不過期貨雙方都是可以在期限內離開，只不過一定要有輸贏出現，如果恰巧大家都沒賠錢，那稅金和手續費又從何而來呢？所以，我們能確認，只要買賣了一口期貨，就表示有某人要賠錢了，至於是誰呢？最好不要是自己。

零和遊戲

這就是期貨的零和遊戲，根據「零和原理」我們知道當市場走勢有強烈變化時，那就加強了市場的深度，而當參與

的金額愈多時，那也就加強了市場的廣度。深度與廣度的強弱，影響押對寶的人擁有財富的大小。

　　根據這個遊戲規則，我們可以在往下的篇幅當中，推論許多參與者的行為模式，進而針對它們的行為，改善自己的操作技巧，以便成為期貨市場的常勝軍，我們在此只先了解期貨市場的零和規則。

（**註釋1**）留倉是指投資人買進、放空期貨，在期貨公司仍留有口
　　　　　數。相對的平倉就是把自己的口數，在期限之內以相反
　　　　　方向賣出或買進。

（**註釋2**）台灣結算價的計算，是以結算日當天的後一個交易日，
　　　　　開盤的15分鐘後的加權指數，當作是結算價的標準價。

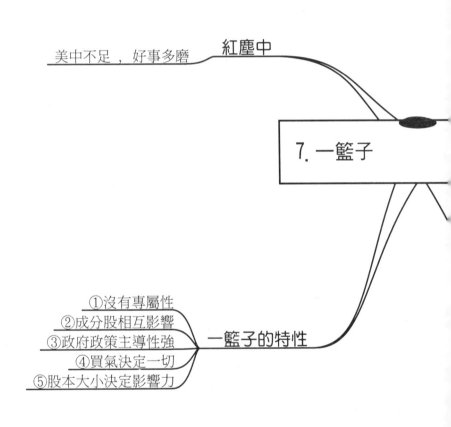

美中不足， 好事多磨　　紅塵中

7. 一籃子

①沒有專屬性
②成分股相互影響
③政府政策主導性強　　一籃子的特性
④買氣決定一切
⑤股本大小決定影響力

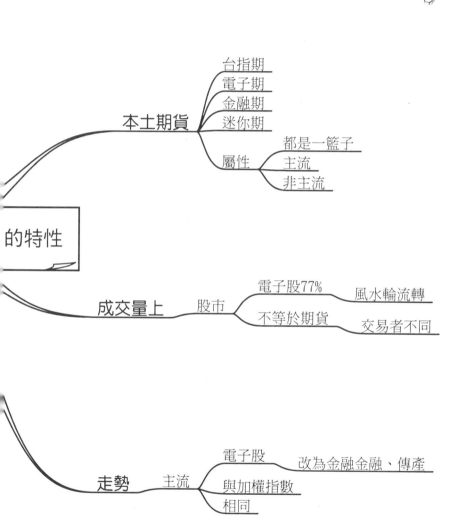

本土期貨
- 台指期
- 電子期
- 金融期
- 迷你期
- 屬性
  - 都是一籃子
  - 主流
  - 非主流

的特性

成交量上　股市
- 電子股77%　　風水輪流轉
- 不等於期貨　　交易者不同

走勢　主流
- 電子股　　改為金融金融、傳產
- 與加權指數
- 相同

一日，正當嗟悼之際，俄見一僧一道遠遠而來，生得骨格不凡，丰神迥別，說說笑笑，來至峰下，坐於石邊，高談快論：先是說些雲山霧海、神仙玄幻之事，後便說到紅塵中榮華富貴。

此石聽了，不覺打動凡心，也想要到人間去享一享這榮華富貴，但自恨粗蠢，不得已，便口吐人言，向那僧道說道：「大師，弟子蠢物，不能見禮了！適聞二位談那人世間榮耀繁華，心切慕之。弟子質雖粗蠢，性卻稍通，況見二師仙形道體，定非凡品，必有補天濟世之材，利物濟人之德。如蒙發一點慈心，攜帶弟子得入紅塵，在那富貴場中，溫柔鄉裏受享幾年，自當永佩洪恩，萬劫不忘也！」

二仙師聽畢，齊憨笑道：「善哉，善哉！那紅塵中卻有些樂事，但不能永遠依恃；況又有『美中不足，好事多磨』八個字緊相連屬，瞬息間則又樂極悲生，人非物換，究竟是到頭一夢，萬境歸空，倒不如不去的好。」

這石凡心已熾，那裏聽得進這話去，乃復苦求再四。

節摘自『紅樓夢』

在紅塵中「美中不足，好事多磨」，又豈止是紅樓夢裡的大觀園而已，只要有人在的地方，皆是如此，期貨市場由人組合而成，更常常是「美中不足，好事多磨」的場所。

*　　　　*　　　　*

　　台灣本土期貨除去選擇權，現階段只有四種商品，就是台指期、電子期、金融期、迷你台指期，嚴格說起來，都只能算是同一類型的期貨商品，它們都是屬於金融衍生性商品裡的指數型期貨。

　　因為國內本土期貨只有股市指數期貨，所以，在屬性上就是屬於「一籃子」，與國外單一商品就有本身單一期貨，屬性上完全不同。

　　例如，黃金有黃金自己的期貨，布蘭特原油本身有自己的期貨市場，它們的期貨價格一定是跟隨著黃金、石油原油的各種消息面在走動。可是我們的台股指數期貨，它卻不容易跟著某一檔上市公司股票走勢走動，而且四種商品的權值

各類股成交量分析

4647.37　　506.90
(　-13.16) (　0.00)

類股	成交張數	比率%	成交金額	比率%	類股	成交張數	比率%	成交金額	比率%
加權	1,913,942	-	506.90	-	橡膠	26,242	1.37%	7.32	1.44%
水泥	20,682	1.08%	1.69	0.33%	汽車	15,629	0.81%	4.89	0.96%
食品	12,427	0.64%	1.18	0.23%	電子	1,055,693	55.15%	392.94	77.51%
塑膠	68,582	3.58%	12.26	2.41%	營建	92,509	4.83%	2.16	0.42%
紡織	75,110	3.92%	6.71	1.32%	運輸	41,273	2.15%	4.12	0.81%
電機	23,508	1.22%	4.29	0.84%	觀光	2,096	0.10%	0.38	0.07%
電器	30,714	1.60%	1.73	0.34%	金融	194,538	10.16%	32.98	6.50%
化工	28,502	1.48%	5.80	1.14%	貿易	6,166	0.32%	1.50	0.29%
玻璃	2,429	0.12%	0.17	0.03%	憑證	-	-	-	-
造紙	15,745	0.82%	0.92	0.18%	公司	-	-	-	-
鋼鐵	100,244	5.23%	12.18	2.40%	其它	87,857	4.59%	9.12	1.79%

、性質不同，權值有大有小，性質上也分為主流與非主流。

在69頁的圖表當中，可以看得出來，當時的電子類股佔了成交值得77.51％，而金融類股卻只佔成交值的6.5％，兩者人氣相差懸殊，加權指數卻是全部合起來的走勢。

以下四個圖形分別是台指期、電指期、金融期、迷你台指期的成交量，四個日均量分別為17000、3500、850、3900。雖然電子類股佔大盤77％的成交量，可是，在電子指數期貨上，卻未必是相同的比例。台股指數期貨仍然遙遙領先其他的產品。

這種現象充分說明人氣所在，在股市上被視為正常的事情，未必就能在期貨市場上印證。

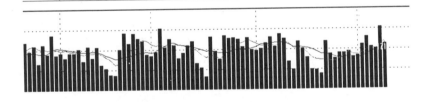

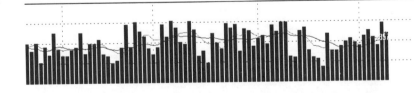

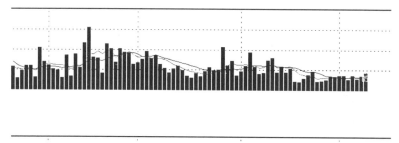

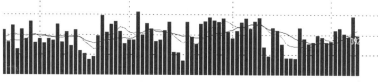

一籃子的特性

　　既然台灣期貨的內容屬於同一類型，或者加權指數、或者電子類股、或者金融類股，由相同類股組合而產生，那麼它們就屬於一籃子的組合，而一籃子的組合和單一產品有相當大的不同，它有以下的特性：

1.沒有專屬性：

　　裡面的成分股，組成份子愈雜，單一專屬性就愈低，譬如說：歐洲美元期貨，是針對在歐洲的美元與歐洲本土貨幣之間的關係，亞洲貨幣的風風雨雨似乎對它就沒什麼任何影響。而台股指數期貨的內涵就比較複雜，各種消息都會影響它的走勢，今天台苯、國喬的SM原料上漲，或者電子股華邦

、茂矽、南科的DREM、DDR下跌，都有可能會對台股指數期貨造成影響，反之亦可能毫無影響，亦或者金融公司相互的合併，也會對它造成影響。

2.成分股相互影響：

有時候單一消息沒造成任何影響，有時候只是一則小道消息，股價就跌翻天，或者漲翻天，甚至影響至整體類股，更有波及整體大盤的可能。這有點像傳染病，一傳十，十傳百，之後股市投資人，人人受影響。例如：2002年七月美國在查企業做假帳的疑雲，結果在人人自危的情況之下，道瓊指數下跌了百分之二十左右。

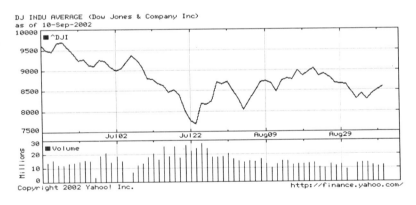

從道瓊走勢圖上來看，就可看出企業做假帳的疑雲，使得道瓊狂跌了2000點。這充分說明了，成分股之間相互影響的威力。

3.政府政策主導性強：

由於一籃子組合如同一支雜牌軍，它共同特性就在於同一商業團體裡，而這樣的商業團體中，走勢最容易被當時的政府政策所導引，政府說要讓電子類股有許多的免稅優惠，電子股就成為主流市場，政府說金融需要整頓、合併成為金控公司，金融股就開始合併風潮，金融股指數也因此上漲。

74頁兩個附圖，第一圖為金融類股走勢圖、第二圖為加權指數走勢圖，從中我們可以看出，大盤在四月中開始下跌，而金融類股卻在五月開始走合併路線，所以，它的走勢就一枝獨秀，不與大盤走勢相同。

4.買氣決定一切：

「一籃子」期貨的走勢最後會被影響的，還是在於投資人中的「買氣」，單一商品期貨的走勢，可能會被消息面所影響，也可能被一時的籌碼優勢所影響，而一籃子的期貨，由於為數眾多，最後主導影響力的，還是如同我『籌碼決定論』一書當中所說的「買氣」，有買氣時，利空可以解讀為利空出盡，爛股也可以漲翻天。沒買氣時，再多的利多也無法讓股價起漲。買氣退潮時，再多的利多，也只會變成投資人逃之夭夭的利多出盡。

75頁附圖中的委買、委賣張數比，分別為6.5、7.1。這兩項就是很好的買氣即時指標，通常當天買氣是否強盛，只要看委買張數比是否超過「8」就知道了。在7以下當天下跌

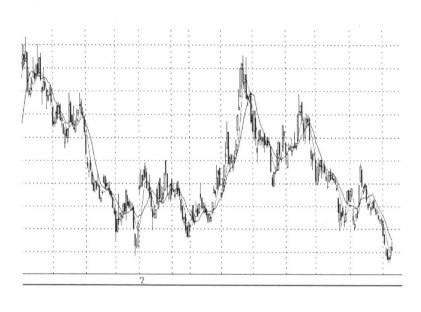

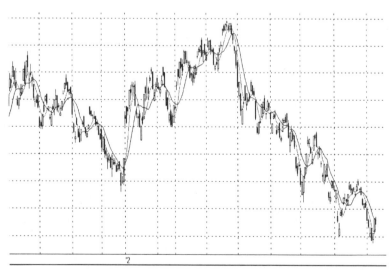

居多，7〜8之間大盤當天小紅小黑，8以上當天大漲的機率很大。

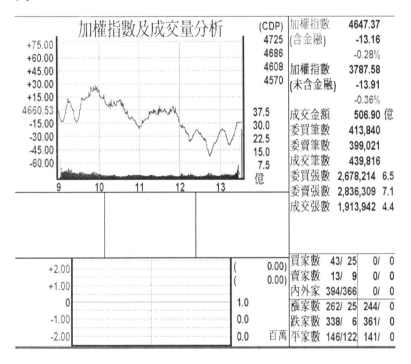

5. 股本大小決定影響力：

　　會影響台指期貨結構的最後關鍵，在於個股的「股本」大小，股本小的股王雖猛漲停，大盤仍然無動於衷。股本大的個股，如台積電、聯電，若股價小跌，整體指數下跌的比率，仍然會很高。

股票別	買價	賣價	成交	股票別	買價	賣價	成交	股票別	買價	賣價	成交
寶來2C	0.25	0.3	0.3	三聯	20.6	-	20.6	台一	0.9	-	0.9
大華15	0.35	0.4	0.4	基泰	3.02	-	3.02	華電網	16.4	16.8	16.8
元大33	9.6	9.65	9.6	和旺	0.64	-	0.64	立益	3.45	3.48	3.45
日盛22	1.2	1.25	1.25	江興	9.6	-	9.6	普揚	9.7	9.9	9.9
統一17	0.65	0.7	0.7	統一08	6.4	6.45	6.4	統一寶	5.9	5.95	5.95
宏福	0.15	-	0.15	益航	1.93	-	1.93	信益	2.53	2.61	2.61
矽成	15.3	-	15.3	建碁	72.5	-	72.5	台富	5.85	6.05	6.05
統合	7.75	-	7.75	新企	8.05	-	8.05	東貝	36.7	36.8	36.8
永裕	8.55	-	8.55	晶電	65.0	-	65.0	雅新乙	43.1	-	43.3
炎洲	24.9	-	24.9	鎰勝	56.5	57.0	57.0	訊康	14.4	14.5	14.5
彰銀特	42.4	44.3	45.2	太設	1.46	1.47	1.47	宏洲	3.14	3.15	3.14
國賓金	3.59	-	3.59	亞瑟	1.31	-	1.31	惠勝	3.21	3.63	3.59
希華	20.3	-	20.3	系統	5.75	-	5.75	和平資	28.7	28.8	28.8
瑞軒	43.8	-	43.8	大東	1.94	1.98	1.99	劍湖山	8.8	8.9	8.9
幸福	4.88	-	4.88	林三號	1.5	-	1.5	億泰	8.75	8.95	8.95
廣豐	3.15	-	3.15	根基	6.75	-	6.75	智邦一	179.0	183.0	180.0
興達	1.17	1.26	1.26	春池	0.63	0.68	0.68	東隆	13.4	14.25	14.0
華特	2.68	-	2.68	寶建	0.52	-	0.52	華夏租	0.9	0.94	0.94
燁興	3.0	-	3.0	皇昌	8.35	8.7	8.7	志聯	2.35	2.38	2.38
寶隆	2.17	2.21	2.21	菜強	12.1	12.25	12.2	興泰	16.6	16.7	16.7
宏總	0.79	-	0.79	華隆	0.71	-	0.71	寶來24	2.35	2.4	2.4
國統	30.1	-	30.1	寶來18	4.5	4.7	4.5	裕民	7.15	7.2	7.2

加權4647.37(-13.16)506.90億,買2678214,賣2836309,成1913942張,均張4.4

　　上附圖許多股票漲停，可惜由於都是些小股本的股票，所以，雖然眾家漲停，可是大型股不漲，最後加權指數還以小跌13點坐收，可見「指數期貨」最後決勝負的關鍵，還是在於大股本的股票，如台積電、聯電、國壽、中銀是否漲跌為最重要觀察關鍵。

打蛇打七吋

　　我們台灣指數期貨，是一籃子的組合，以上五個特性是台灣一籃子型期貨專有的特質，也是影響走勢的關鍵因素。所以，要注意台灣本土期貨的走勢，就應該注意會影響台股

走勢的重點，而不是旁支末節的部分，像是技術分析以及落後的基本面等。從事期貨操作，如果太在乎技術分析的話，容易被大行情擊敗，因為技術分析，只適用於未反轉時的走勢，對於正要反轉的走勢，沒有任何的預測能力，甚至還會產生牽絆住自己的效果。所以，對於技術分析千萬不可過於迷信。

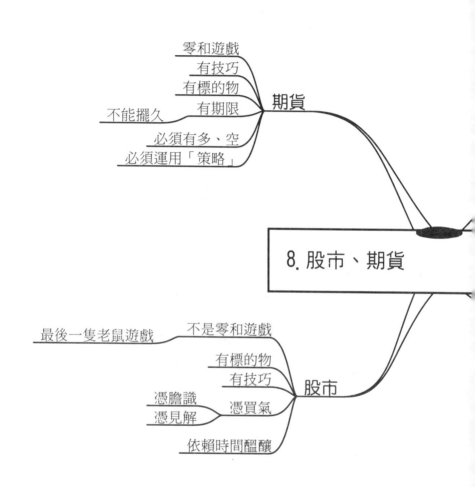

零和遊戲
有技巧
有標的物
有期限　　期貨
不能擺久
必須有多、空
必須運用「策略」

8. 股市、期貨

最後一隻老鼠遊戲　不是零和遊戲
有標的物
有技巧
憑膽識　　憑買氣　股市
憑見解
依賴時間醞釀

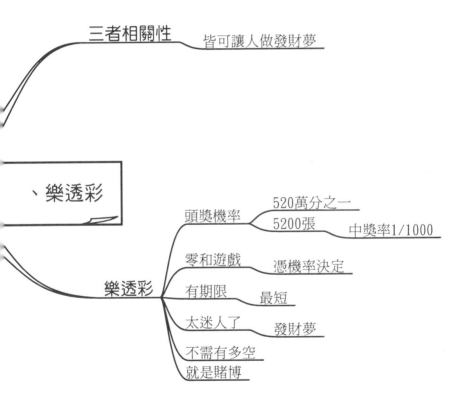

　　股市、期貨、樂透彩三者看似無關聯，事實上，三者卻是具有相當多的同質性。最主要的相同之處，是三者皆可以讓人做發財夢。若能了解三者的關係，就將會更了解期貨變化的原理，我們來看看三者之間有何相同及相異之處。

股　市

　　股市有個特性，是其他市場所沒有的，那就是它永遠餵不飽，它的成交金額可以無限制擴大，這點特性在個股的成交價上表現無疑。所以，這就是為什麼，十幾年前的國泰人壽，一股可以飆上一千餘元，而下圖的國泰金控走勢，卻只剩下三十餘元。

　　上圖就是國泰人壽，當它合併其他金融業之後，成為金融控股公司後的走勢，價位已經走貶到38元的價位了，而且當時趨勢似乎還繼續往下走。

　　而大盤由全部的個股所組合而成，於是大盤本身也變成可以毫無限制的擴大與縮小，這就是股市的特性。它的容納性是無限大的，是與其他同性質的金融體系不同之處。

樂透彩

　　台灣當時一推出樂透彩，就風靡全台灣，讓全世界人都覺得驚訝，它在台灣被冠上一個美麗的名稱「公益彩券」。在台灣，也算得上是一種經濟活動，而且一組號碼只需花費50元，就可以參加抽獎。不過能得獎的機率，全由電腦決定，沒有任何能力可以判斷，最多只是多買幾張，把自己中獎的機率提高而已。

　　根據統計學的分析42顆球要全中6顆的機率，是520萬分之一。也就是說，就算買了5200張，花了26萬元，中獎機率也只不過是千分之一，要發財的機會仍是非常渺茫。

　　不過它的屬性，就和股市不同，是屬於「零和遊戲」，這點與期貨相似，只不過在買彩金過程當中，還有政府在中間抽稅，被政府抽去的金額，大約總數的60％（包含公益金及稅金），參賽者只能拿剩下的40％。雖然如此，買彩券的人依然踴躍，因為不管怎樣大家還是以小博大，認為自己只

花小錢，就有機會讓自己一夕致富，這種誘惑實在太大了，比起任何的經濟活動，都要更加的迷人。所以，這樣的「美夢經濟」在全世界歷久不衰，也是為何一推出就風靡全台的原因。

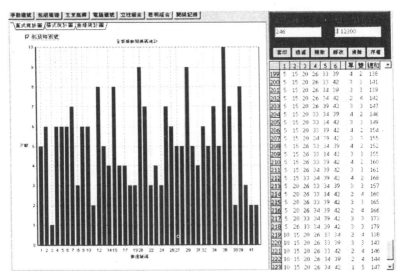

　　上圖就是樂透彩開獎的累積圖，由圖可以看得出來，仍有些彩球的中獎機率頗高，只不過下次會不會還是它出現，就完全無法得知了。

　　所以，縱然它的彩金高，卻完全無法推算掌握，讓人覺得買彩券中獎只是作夢，非常的不真實。

期　貨

　　期貨剛好介於兩者之間，期貨本身既是零和遊戲，過程中間也有政府抽稅，甚至還有時間限制，也有標的物，可當作是交易結算的標準，不同於彩券之處，在於它必須買賣多空雙方有交易，才能算成交。

　　期貨不像樂透彩毫無根據，只能憑機率來決定，它像股市，有標的物可以買賣，也可以利用許多技術分析來推論走勢，甚至還也可以預測走勢，只不過它不能像股市一樣能擺的長久，一擺數十年，也毫無影響自身股東權益。

　　它有期限的限制，期限一到，所有的部位都必須作個清算，一次了結，持有者的權益，時間一到等於是零，這點很像是樂透彩的做法。

　　但它的盈虧多寡，並不決定在參加者數量的多寡（不像彩券），而是決定於指數的漲落起伏間，這點又異於樂透彩的做法。有時候參賽者雖多，大家卻都只有小賺、小賠。有時參賽者雖少，卻也有人能大大賺上一筆，但是，樂透彩彩金的高低，卻取決於買彩券金額的高低。期貨的勝負是取決於判斷走勢的對錯，並非多少資金投入與機率的問題。

　　84頁圖就是期貨一般的交易模式，現行有四種類別，20項商品任君選擇，以後還會開放更多的期貨商品。

合約名稱	買價	賣價	成交	漲跌	單量	開盤	今高
Mi台指	-	-	4536	+79	-	4478	4542
Mi台指U2	4646	4649	4546	+124	2	4448	4565
Mi台指V2	4517	4520	4518	+122	2	4415	4534
Mi台指Z2	4302	4548	4450	+87	1	4430	4450
Mi台指H3	4450	4650	-	-	-	-	-
Mi台指M3	4450	4510	-	-	-	-	-
電子期	-	-	210.06	+4.78	-	206.47	210.35
電子期U2	210.20	210.40	210.20	+6.70	1	205.60	211.00
電子期V2	209.00	209.06	209.00	+6.20	5	204.40	209.70
電子期Z2	204.20	210.90	-	-	-	-	-
電子期H3	197.10	211.00	-	-	-	-	-
電子期M3	-	215.00	-	-	-	-	-
金融期	-	-	637.3	+2.7	-	635.4	639.0
金融期U2	634.0	634.4	634.2	+11.8	1	626.2	634.8
金融期V2	629.4	631.0	630.8	+10.8	3	622.0	631.8
金融期Z2	606.0	677.0	-	-	-	-	-
金融期H3	609.0	-	-	-	-	-	-
金融期M3	-	-	-	-	-	-	-
台指期	-	-	4536	+79	-	4478	4542

電子期U2 量價走勢圖

名稱	電子期U2 (102092 / WTEU2)		合約高/低	334.90 / 179.00	未平倉量	2466 (2002/09/16)
漲停價	217.70	跌停價	189.30	振幅	3.24%	總買筆 902 總賣成筆 1039
成交	210.20	漲跌	+6.70	近一價	210.40	近二價 210.50 近三價 210.50
總委買口	1445	總委賣口	1397	總委買筆	772	總委賣筆 967 結算價 -
第一買價	210.20	第二買價	210.00	第三買價	209.85	第四買價 209.80 第五買價 209.60
第一買量	10	第二買量	4	第三買量	2	第四買量 5 第五買量 4
第一賣價	210.40	第二賣價	210.45	第三賣價	210.50	第四賣價 210.70 第五賣價 210.75
第一賣量	2	第二賣量	2	第三賣量	7	第四賣量 2 第五賣量 1

分別處

股市、期貨、樂透彩三者若以獲利能力來排列的話，如下：

①樂透彩→②期貨→③股市

若以掌握能力而言的話，排列如下：

①股市→②期貨→③樂透彩

從中我們發現，期貨的掌握與獲利能力剛好都介於兩者之間，有兩者的優點，也有兩者的缺失，因為期貨就是屬於兩者的結合，但它卻不屬於股市或者樂透彩的範圍之內，應

該是獨立出來的一種經濟模式，可是卻不失為一個公平致富的機會。

　　若想要靠期貨致富，我們就得先研擬出一套策略，而不是把期貨操作當作是股票或樂透彩在買賣，像本書的「順勢雙刀流」就是已經運用到策略上的運作。讀者如果能好好的了解期貨操做的原則，其實還能發掘出更多意想不到的妙招出來哩！期貨不是只有平淡的多空判斷而已，仍有許多操作方式待我們去發掘使用呢！

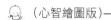
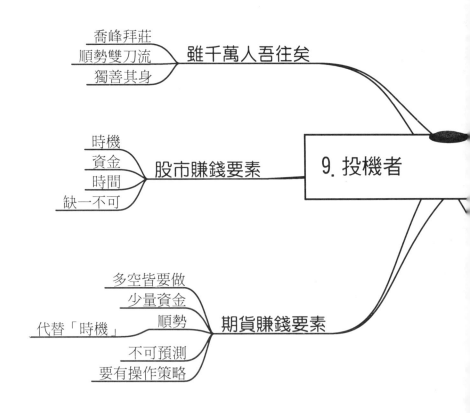

喬峰拜莊
順勢雙刀流
獨善其身
　　　雖千萬人吾往矣

時機
資金
時間
缺一不可
　　　股市賺錢要素

9. 投機者

多空皆要做
少量資金
順勢
代替「時機」
不可預測
要有操作策略
　　　期貨賺錢要素

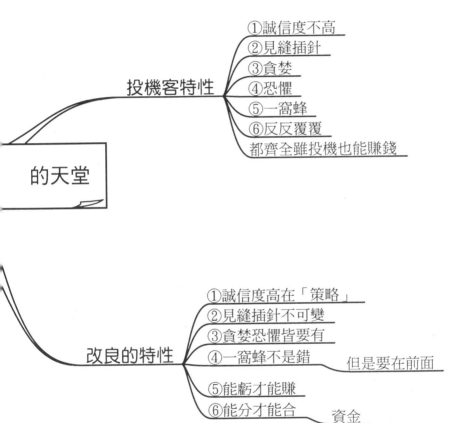

的天堂

投機客特性
①誠信度不高
②見縫插針
③貪婪
④恐懼
⑤一窩蜂
⑥反反覆覆
都齊全雖投機也能賺錢

改良的特性
①誠信度高在「策略」
②見縫插針不可變
③貪婪恐懼皆要有
④一窩蜂不是錯　但是要在前面
⑤能虧才能賺
⑥能分才能合　資金

　　便在這亂成一團之中，一名管家匆匆進來，走到游驥身邊，在他耳邊低聲說了一句話。游驥臉上變色，問了一句話。那管家手指門外，臉上充滿驚駭和詫異的神色。游驥在薛神醫的耳邊說了一句話，薛神醫的臉色也立時變了。游駒走到哥哥身邊，游驥向他說了一句話，游駒也登時變色。這般一個傳兩個，兩個傳四個，四個傳八個，越傳越快，頃刻之間，嘈雜喧嘩的大廳中寂然無聲。

　　因為每個人都聽到了四個字：「喬峰拜莊！」

　　薛神醫向游氏兄弟點點頭，又向玄難、玄寂二僧望了一眼，說道：「有請！」那管家轉身走了出去。

　　群豪心中都怦怦而跳，明知己方人多勢眾，眾人一擁而上，立時便可將喬峰亂刀分屍，但此人威名實在太大，孤身而來，顯是有恃無恐，實猜不透他有什麼奸險陰謀。

　　一片寂靜之中，只聽得蹄聲答答，車輪在石板上隆隆滾動，一輛騾車緩緩駛到了大門前，卻不停止，從大門中直駛進來。游氏兄弟眉頭深皺，只覺此人肆無忌憚，無禮已極。

　　只聽得咯咯兩聲響，騾車輪子輾過了門檻，一條大漢手執鞭子，坐在車夫位上。騾車帷子低垂，不知車中藏的是什麼。群豪不約而同的都瞧著那趕車大漢。

　　但見他方面長身，寬胸粗膀，眉目間不怒自威，正是丐幫的前任幫主喬峰。

　　　　　　　　　　　　　　　節摘自『天龍八部』

　　游家莊充滿了英雄群豪，就如同期貨市場裡充滿了各式各樣的投機份子一樣，筆者望讀者能以「順勢雙刀流」，清者自清的自我要求，則雖千萬人吾往矣，獨闖期貨市場，如同喬峰的拜莊一般。

＊　　　　　　＊　　　　　　＊

　　由上面的幾篇當中，我們知道台灣的本土期貨並不存在避險者、套利者，所以，就只剩下投機者。這正是「一籃子型期貨」的通病，整個市場充斥著投機客，世界各國都是相同的狀況，並非單單台灣如此。假若是真正的投機者的話，反而會比較喜歡期貨市場的投機世界，而較不喜歡股票市場的結構，這是因為股市不夠投機，在股市要賺錢必須要有三大要素。那就是：

「時機」、「資金」、「時間」

　　此等三大要素缺一不可，看對時機卻沒資金，肯定沒有獲利的份。有資金、也有時間撐，可是買進時機卻不對，下次再上漲時，能解套就算不錯了（因為股市每次上漲都是不同的題材，主流也是每次都改變），更何況想要獲利呢！所以賺錢也沒有份；有資金、也看對時機投資，可是卻沒有時間讓股價足夠發酵，最多只能賺些蠅頭小利，也不能賺到大錢，所以，發財也沒有份！

　　於是我們知道，想要在股市賺錢就必須有「時機」、「

資金」、「時間」這三項要素，並且三者的搭配必須天衣無縫，三者缺一肯定賺不到股市的錢，就如同行軍打仗時的天時、地利、人和皆須具備一樣的重要。

多空皆宜

可是操作期貨就不需要如此複雜了，期貨只要交割金夠就可以交易，這樣已經先解決資金問題，而且在任何時候交易都可以獲利，並且不需要特定在股市上漲時，才能獲利。這樣又解決時機問題。有時候契機抓對，一天之內就可以大賺到50％的利潤，利潤可說相當驚人，如此一來又解決時間上的問題，所以，在期貨市場只要方向對再加上一點資金，很快的就可以有龐大收益。

在期貨市場操作裡不需要時間醞釀的，不需要白白浪費時間等待籌碼的沉澱，因為它多空都可以操作，而且也是必須要多空雙向都操作，並非像股市一樣，只能純粹的投資，純粹的做多而已。難怪真正的投機者會喜歡期貨，而會拋棄股市，原因正是如上所說，它已脫離時間和資金的問題。

至於本書所創「順勢雙刀流」，甚至也已經拋棄「選擇時機」的困難處，獨創以「順勢」代替「選擇時機」，雖然利潤無法勝過完全抓對時機，可是卻完全避開了「預測的風險」，若統計獲利起來，還是勝過現在市場上的任何一種操作法。

薄本厚利

因為期貨有薄本厚利的特性，於是吸引了無數的投機客充塞其中，我們若被這市場吸引過來，我們也只能算是投機客。因為這裡沒有其他的人，更因為這裡是投機者的天堂。

不過就算如此也沒關係，我們的主要目的，就是要知道「誰在市場上」就好了。因為只要知道是誰在市場上，那其餘都算好辦，對手特性、應對之道也可以隨之擬定出來。

厚利薄本的特性，也讓投資人可以減輕資金的壓力，尤其是已經在股市受傷的人，更是唯一能再投資的工具。

投機客特性

市場充滿投機客，投機客有以下的特性

①**誠信度不高**：既然是投機者，一般對於自己所操作的事物，誠信度都不會太高，也就是說，投機客不會太執著於一項產品，只要有利可圖，他都會去嘗試，好的方面是他的冒險性強，不好的方面，是他的持續力不足。

②**見縫插針**：投機客就像是環伺四周的狼群，有機會便會上前咬一口，但是不同於狼的地方是，他卻也僅僅只咬一口就會退下來。一有機會他就會把握，可是一賺到錢他就退出。

③**貪婪**：投機者的貪婪與投資者的貪婪不同，不同之處

在於，投機者的貪婪是想每次都想賺到錢，而投資者的貪婪卻是想一次賺個夠。所以，投機者會賺了就跑，然後再等下一次機會，不斷地做賺了就跑的事情。而投資者當他肯定一件事情之後，他會持續的投資，不斷的投入資金、精神，祈望自己能收穫最後的開花結果。

④**恐懼**：投機者不管他的資金是否雄厚，他都是個容易恐懼的人，他恐懼這次會失敗，他恐懼賺到的錢會吐回去，他恐懼會被軋到，他恐懼會被追繳，所有一切不利的行為他都會恐懼，而所有有利的行為，他也都會恐懼不能長久。

⑤**一窩蜂**：因為投機者既貪婪又恐懼，所以，他絕對不是個開先鋒的人，他也不可能是獨行俠，他一定是個跟風的人，他不會選擇人少的路去走，他絕對會選擇人多的路走。在期貨市場上的表現，就會像一窩蜂一樣，跟隨著大家，大家買他就買，大家賣他也就跟著賣，因為他的心理只有短視的利益，「一鳥在手，勝於十鳥在林」，是他處世之道。

⑥**反反覆覆**：因為投機者的中心思想，是在市場上不斷地撈一票就跑，所以，表現出來的行為就會是反反覆覆，只要人家說好，他也就會覺得好，人家說壞，既使自己已經買了，也會覺得壞。因為他自己的反覆行為，並不與他的思想抵觸，他要的只是在很短的瞬間獲利。

以上六項，是任何市場上的投機客，容易產生出來的個性，我們知道現在正與投機客為伍，當然，我們就必須要外

表長的像投機客，而骨子卻是要有投資者（投資自己）的氣勢，才能在這零和遊戲裡，獲得勝利。

全了較好

如果你都具備以上的個性，恭喜你，你很適合當個合格的投機者，你在任何的市場都將會是贏家。但是，最怕的就是你只具備以上幾種個性而已，這樣反而容易讓你在期貨市場中失利。譬如說：有一窩蜂的個性，卻沒有恐懼的心態，那當別人已經撈了一票走了時，你卻仍然停留在原處觀望，這時，市場若不套牢你，那要套牢誰呢？又譬如：你有逮到機會便做的見縫插針本領，卻又是個極有誠信度的人，勢必賺個夠才跑，那總有一天會連本錢也因此軋進去，就像針扎進去石縫而拔不出來一樣。

所以，要嘛！這種投機個性都須具備，否則，若只具備幾樣投資的個性的話呢！反而很危險，不如乾脆依照筆者的建議，修正自己的做法。

應該有的個性

我們要知道期貨市場也是「二八法則」，也就是二成的人賺八成人的錢。八成的人是輸錢的，而其中輸錢者，絕大部分都是半生不熟的投機客，只有一半功夫，卻想要成為市場的贏家，機率似乎不大。所以，我們只要針對這樣的半生

不熟的個性去改良，甚至可以超越成熟的投機者，而且獨樹一格。

建議的操作個性：

①誠信度高在策略：對自己有誠信度，在進入市場前，先擬有一套策略，而且絕對誠信於自己的策略，不可見勢改變，寧願沒賺到，或小賠，之後再來修正自己的策略，而不是見機行事。

②見縫插針不可變：也要有見縫插針的本事，不過所謂的「縫」是自己策略上的機會點，而不是盲目跟隨他人，所謂台灣錢淹腳目，只是看你會不會撿而已。

③貪婪、恐懼皆要有：該貪的時候就要貪個夠，會恐懼時就要反向操作，產生另外一次貪婪。不過取捨貪婪恐懼，要先有個標準，這標準如果你沒有的話，在後面的篇幅，我會公佈自己的操作方法（操作篇中），可以自行參考。

④一窩蜂不是錯：一窩蜂當然不是錯，只是要站在一窩蜂的前頭，而不是一窩蜂的後頭，如果覺得自己老是在一窩蜂的後頭。不妨自己定個策略，然後照著策略走，總比自己老是當代罪羔羊來得好。在我的實戰經驗中，常常有客戶或會員會慫恿我買進、賣出，這時我一定不會先否認別人的建議，而是看看自己所設定的指標是否已經反轉，如果是的，一定立刻跟進，這時候應該謝謝客戶提醒。如果不是的，我會說：「抱歉！我的指標尚未翻揚！」事後證明十之八九，

都是指標、策略比當時浮動的人心還要管用。

　⑤能虧才能賺：不可能每次的出擊都能滿載而歸，一定會有幾次有所損失，只是在於知道虧損的時候，能否遵循自己的策略，該斷就斷，該反手就反手。

　⑥能分才能合：這一招是指在資金策略上的運用，而且這一招也是令，我站在不敗之地的策略，我們會在順勢雙刀流中詳述。在此我們僅提出資金能分才能合的思考模式，它是專指「資金」而言。

　以上是針對半桶水的投機者之改良意見，也是我們一般投資人的通病，只要在個性上及思考模式上改良之後。投機者的天堂，無形中就會變成你建築自己天堂的材料，任你予取予求，你也將成為新生代的投資家。

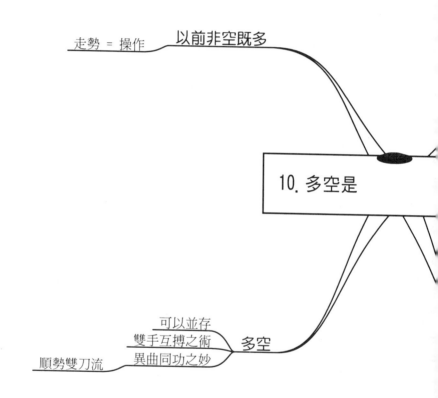

走勢 = 操作　以前非空既多

10. 多空是

可以並存
雙手互搏之術　　多空
順勢雙刀流　　異曲同功之妙

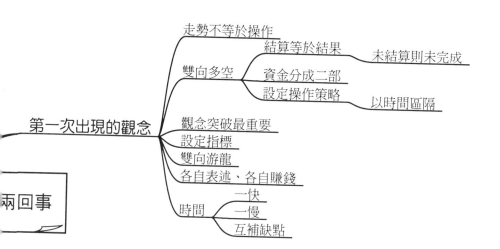

走勢不等於操作

結算等於結果 ── 未結算則未完成

雙向多空 ── 資金分成二部

設定操作策略 ── 以時間區隔

第一次出現的觀念

觀念突破最重要

設定指標

雙向游龍

各自表述、各自賺錢

時間 ── 一快／一慢／互補缺點

兩回事

例子中會賺錢

非逆勢、順勢

而是有明確的操作策略

沒人規定

大盤漲跌

與自己最後獲利有關

都是過程的風浪

結果才是重點

　　周伯通呵呵笑道：「你沒守規矩！」郭靖忽地跳開，呆了半晌，叫道：「大哥，我想到了一件事。」周伯通道：「怎麼？」郭靖道：「你雙手的拳路招數全然不同，豈不是就如有兩個人在各自發招？臨敵之際，要是使將這套功夫出來，那便是以兩對一，這門功夫可有用得很啊！雖然內力不能增加一倍，但招數上總是占了大大的便宜。」

　　周伯通只為了在洞中長年枯坐，十分無聊，才想出這套雙手互搏的玩意兒來，從未想到這功夫竟有克敵制勝之效，這時得郭靖片言提醒，將這套功夫從頭至尾在心中想了一遍，忽地躍起，竄出洞來，在洞口走來走去，笑聲不絕。郭靖見他突然有如中瘋著魔，心中大駭，連問：「大哥，你怎麼了？怎麼了？」

　　周伯通不答，只是大笑，過了一會，才道：「兄弟，我出洞了！我不是要小便，也不是要大便，可是我還是出洞了。」郭靖道：「是啊！」周伯通笑道：「我現下武功已是天下第一，還怕黃藥師怎地？現下只等他來，我打他個落花流水。」

　　郭靖道：「你拿得定能夠勝他？」周伯通道：「我武功仍是遜他一籌，但既已練就了這套分身雙擊的功夫，以二敵一，天下無人再勝得了我。黃藥師、洪七公、歐陽鋒他們武功再強，能打得過兩個老頑童周伯通嗎？」

　　郭靖一想不錯，也很代他高興。周伯通又道：「兄弟，

這分身互擊功夫的精要，你已全然領會，現下只差火候而已，數年之後，等到練成做哥哥那樣的純熟，你武功是斗然間增強一倍了。」兩人談談講講，都是喜不自勝。

節摘自『大漠英雄傳』

　　老頑童周伯通的雙手互搏之術，不僅可以用在武功上面，如果拿來投資的領域中，更是有一番情趣，恰巧筆者的雙刀流與雙手互搏之術，有異曲同功之妙，以下就是我們期貨上的雙手互搏術。

　　　　＊　　　　　　＊　　　　　　＊

　　這個觀念，我是第一次揭示，從來沒有在我的任何著作中或演講中出現過，因為筆者本身也是不斷地吸收新知，不斷地思考，所以自己也在不斷地進步。以前認為無解的事，鑽研既久之後，又發現另外有其他路可走。於是想法也跟著豐富起來，興奮之餘，也想寫出來與讀者分享，人生真是在哪裡都可以做學問。

　　期貨市場，看似只有單向操作的技巧上，居然也可以發展出「立體複向」的觀念，來加以突破。

非空即多

　　我們研究股票，一定會發現一個事實，走勢一定是非空即多，大不了也只不過是盤整而已，就算是盤整也能整理出

往後是空頭，還是多頭的走勢。這點的確是無庸置疑。

　　可是這是走勢，若跟自身操作比較起來，仍然可以有一段差距，可是我們大多數的人，由於認識股市甚久，都已經麻木到認為**走勢＝操作**所以，才會以為走勢既然非空即多，而操作也非要跟著非空即多不可。

　　事實是這樣子嗎？實際上，操作仍是有些許差異可以改變的。我們來看下面的兩個例子，就可以知道了。

舉例 I

　　王二有張台積電股票，他在股市5000點時買進448元，後來股市漲到6000點，而王二的台積電也跟著漲到62元，王二於是認為利潤夠了，就把持股台積電賣掉，總共獲利50％，可是後來大盤繼續上漲到7000點，而台積電也一度逼近100元大關，王二卻沒有賺到後面上漲的利潤。

　　上述的例子中，當王二在台積電走勢還在多頭時，就自行在價位62元時，把台積電賣出（也等於是做空）了，於是後來白白少賺80％的利潤。這種做法不能算明智，因為沒有「順勢而為」，該賺而沒賺，可是王二的確又是獲利的，我們可以說他的做法不對嗎？似乎如此說，也不是很公允的說法，因為我們知道，只要能賺錢的投資都可以算是對的，錢是落袋才叫安。

舉例 II

　　再舉個更淺顯的例子：趙大在股市7000點時買進一張聯

電50元，後來股市一路下滑，到了6000點，趙大又買進一張聯電40元，可是股市未止跌，當指數指數下滑到5000點時，趙大又買進聯電一張30元，可惜股市指數仍未止跌，最後指數來到了4000點，聯電也只剩下23元價位，趙大仍舊又買了一張。可是股市總不會只有一種走勢，股市總有起起落落，跌久後，終於又讓它上漲起來，於是聯電股價又開始回升，趙大在聯電40元價位時，把全部聯電持股出清，後來聯電卻又漲回到50元的價位。

上述的例子，趙大的做法處處和股市的走勢唱反調，甚至他也沒在底部上漲時加碼攤平，股價愈跌他卻愈買，股價在上漲時，他卻不再買進，最後賣的價位也不是很漂亮。可是這種看似愚蠢的做法，竟然也能賺錢，他的操作手法雖然完全與走勢相反，最後卻也賺到錢獲利。這又是為什麼呢？

觀念的突破最重要

上述兩個例子，都有可能發生在你我周圍，是最常見的例子。我們若要從中得到心得，勢必不可只看表面結果，應該更要看到骨子裡頭去。前兩個例子，前一個是有賺就跑，後一個是零存整付，兩者都是逆勢操作，可是他們最後卻都是贏家，我們不是說過股市的最佳操作手法，是「順勢操作」嗎？可是也知道市場上沒有專家，只有贏家和輸家，他們賺了錢，他們就是贏家，也就是獲勝的一方。

所以，我們若仔細觀察上述的例子，會發現兩者所以賺錢，確實原因不是因為他們的逆勢操作（許多人會因此錯認），而是因為他們有「操作策略」，不跟隨別人人云亦云，也不會隨便跟著大盤走。這可以證明，有明確的操作策略，在市場上輸錢，就是不太容易的事情。如果再加上策略又是正確的話，市場上的多空走勢對你而言，已經不再重要了，也就是說，有正確又明確的操作策略，可以不畏懼任何的多空走勢，最後都能夠化險為夷，進而致勝，因而也可以說，投資致勝最重要的關鍵，在於「設定操作策略」。

可以沿用在期貨上嗎？

期貨有「時間期限」的限制，不像前面的例子，股票可以擺久，所以股市上可以「時間」換取「空間」，但是，在期貨上卻不可以如此。然而操作策略，卻真的可以沿用到期貨市場上。

前面不是說過，上述兩個例子之所以會賺錢，並非與逆勢、順勢有關，而是有明確的投資策略，我們只要再改良一下上述的例子，用順勢的方法，勢必會賺的更多，更能縮短賺錢的時間，而這也是我們順勢雙刀流的啟蒙源頭。我們的順勢雙刀流，已經進化到多空可以同時操作。

因為沒人規定大盤的漲跌和自己的獲利有關，自己的獲利是一個買賣結束之後，才成交結算的，沒有買賣結束，就

無所謂獲利或虧損。因此把「順勢」與「雙刀流」兩者分開
使用，就會有意想不到的好處。例如：下圖

　　在上圖我們設定一項指標，操作上完全依照這項指標進
行，而這個指標的設定原則是根據順勢統計的一項指標，這
樣一來，我們就完全符合順勢操作的原則，在上圖中只要兩
線形交叉到，我們就做買賣期貨的動作，可以看得出來，若
依照此線形的交叉走勢做的話，絕對是賺的比賠的多，可是
只有這樣子操作，還是不行的，因為過於貼近市場，容易在
市場盤整時受傷。於是我們因此再研究出另一項配套方式，
再看看104頁圖形：

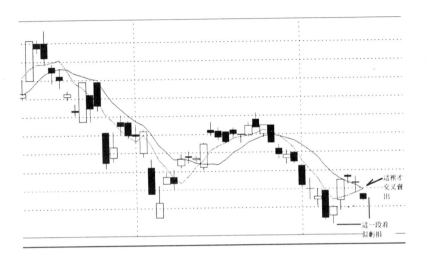

　　你相信嗎？前一個圖形的一大波段，只是這個日線圖圖形的三天走勢而已。這兩個圖形都使用筆者所設定的指標，並且也都完全依照指標行事，只要交叉就做買賣動作，在上圖反手做多好幾趟時，下圖還是繼續做空，而當上圖在盤整下殺時，下圖才正式交叉，於是下圖空方結清，剛好當天又是下跌，結清點成果不錯，而且兩者都是賺錢的狀態，這就是順勢雙刀流的基本做法，把操作一分為二，以時間差區隔兩者買賣點，卻不互相干擾。

　　如果你學會以上的做法，你操作期貨還會虧嗎？當然不會。你必能運用雙刀流讓自己左右逢源，左手也進帳，而右手也進帳，甚至它還能在你一方有虧損時，用另一方獲利來彌補虧損。

如果你看不清楚「順勢雙刀流」的做法，不用急，我們會在操作篇中，詳細把以上做法的細節通通告訴你！

明確策略

本篇的重點在於告訴讀者，「順勢雙刀流」的做法是跟隨於一個正確又明確的策略。先前說過在期貨市場上，只要有明確的策略，並且完全跟隨著策略操作，就一定能賺錢。

我們的「順勢雙刀流」，就是根據期貨本身的特性，把股市操作的手法加以改良，所得出的操盤模式。以後的每個例子，筆者都會使用實際走勢的例子來表現。

筆者在這本書中，都是拿實際的例子說明；因為好的東西，它絕對經得起考驗，不需要虛偽造假。我相信讀者學會這一套操作手法之後，也必定能當一個優良的操盤手，因為你已知道，自己必須要有個明確的操作策略。

（心智繪圖版）────────────────────►

多空都不看

只是少賺而已
卻不會賠　　只看指標　　老師看多還是看空　　11. 看多看

就有失真　　有預測

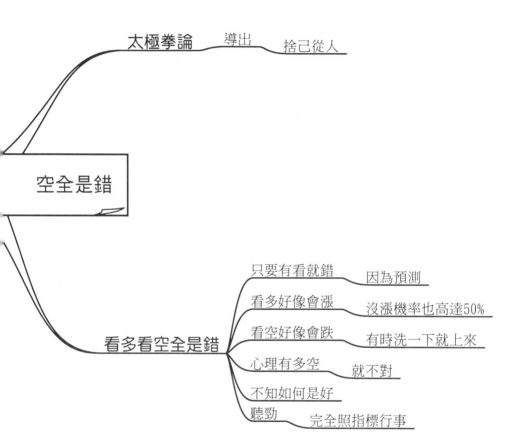

太極拳論　導出　捨己從人

空全是錯

看多看空全是錯

只要有看就錯　因為預測

看多好像會漲　沒漲機率也高達50%

看空好像會跌　有時洗一下就上來

心理有多空　就不對

不知如何是好

聽勁　完全照指標行事

太極者，無極而生，動靜之機，陰陽之母也。動之則分，靜之則合。無過不及，隨曲就伸。人剛我柔謂之走，我順人背謂之黏。動急則急應，動緩則緩隨。雖變化萬端，而理唯一貫。由著熟而漸悟懂勁，由懂勁而階及神明。然非用力之久，不能豁然通焉！

虛領頂勁，氣沉丹田，不偏不倚，忽隱忽現。左重則左虛，右重則右杳。仰之則彌高，俯之則彌深。進之則愈長，退之則愈促。一羽不能加，蠅蟲不能落。人不知我，我獨知人。英雄所向無敵，蓋皆由此而及也。

斯技旁門甚多，唯勢有區別，蓋不外壯欺弱，慢讓快耳。有力打無力，手慢讓手快，是皆先天自然之能，非關學力而有為也！察四兩撥千斤之句，顯非力勝；觀耄耋能禦眾之形，快何能為？

立如平準，活似車輪。偏沉則隨，雙重則滯。每見數年存功，不能運化者，率皆自為人制，雙重之病未悟耳！

欲避此病，須知陰陽，黏既是走，走既是黏；陰不離陽，陽不離陰；陰陽相濟，方為懂勁。懂勁後愈練愈精，默識揣摩，漸至從心所欲。

本是捨己從人，多誤捨近求遠。所謂差之毫釐，謬之千里，學者不可不詳辨焉！是為論。

　　　　　　　　　清・王宗岳之『太極拳論』

　　這一篇『太極拳論』是所有練太極拳的人，在習練太極拳的過程中，必定要知曉的論述，也是我最服膺的太極拳論點之一，要人不知我，我獨知人，英雄所向無敵，就必須要先能「捨己從人」，不止在拳術上是如此，在期貨上也必須要如此哦！

　　　　　　＊　　　　　　＊　　　　　　＊

　　上一篇，我們說了多空兩回事，就是要打破我們單向思考的做法，把原來只有「多空對立」的觀念轉化成可以「交叉互補」的觀念；由「平面」的觀念轉化成「立體」的觀念。這種觀念也不是我獨創的，在一千多年前的中國早就已經有這種觀念了，而且還留下了一句成語，那句成語就為「塞翁失馬，焉知非福」，事情有許多的表象，卻只有一個內涵，端看你用什麼心態去看待而已。

看　多

　　在這一篇中，更是要帶領你進入更深邃的境界，不但要告訴你多空兩回事，而且還要告訴你，看多看空都是錯。我們先看下面的兩個圖形：

　　這個圖形當中，我們可以得知上面是K線，下面是知名指標RSI，如果是只看這裡，一定會認為在這圖形的最後，指標RSI在底部交叉，而且K線也已經打出了雙底，盤整向上的態勢很明顯，似乎技術面已經告訴我們，這圖形之後的走

勢，勢必看多。如果我們只看到這裡勢必會如此認為。那我
們再來看往後的發展。

　　下方圖形就是上圖往後的走勢，從圖形當中可以看出，
那天之後，走勢不但沒有再維持盤整，反而一路往下殺，技
術指標這時才跟著走弱。如果當時我們武斷認為多頭而買進

了，似乎就註定此次操作必定賠錢，這就是所謂的「指標失靈」，甚至看法也跟著失靈的狀況。而這種狀況恰巧多的不得了，甚至幾乎有40％以上的機率，這樣的機率其實已經跟丟骰子的機率差不多了，這也告訴我們，指標其實沒有那麼神準，至少在預測走勢時，是這樣子的，否則報紙天天都有指標，是否人人都因為看了報紙而賺到了錢嗎？當然沒有。如果能想通了這一點，自己的投資功力就可以更進一大步，別太信任技術指標。

這是心裡老想做多的人，會常常犯的毛病。總是看了基本面就想買股票，如果依照基本面就能買股票的話，那麼一些財經專業的報社、雜誌社應該通通都不存在了，因為他們靠得到的消息比我們早，他們早就已經賺大錢了，何必還辛辛苦苦天天辦報、辦雜誌給人看呢？來賺一點斯文錢呢？所以，千萬不要太依靠一些基本面的數據，作為自己買進的依據。

看　空

心裡有「多」的觀念不對，若是心裡有戒慎恐懼「空」的觀念，對不對呢？我們也來看看下列兩個圖形：

在112頁的上圖中，指數上漲了到上波段的高點之後，開始有作出頭部的疑慮，連兩黑之後，技術指標也開始下滑，似乎告訴我們該出持股了，因為這時候，在任何條件上看來

都是出清持股的最佳時機。若不在此時出清持股，以後將會
後悔莫及。那我們就遵照技術指標RSI的指示出清持股看看
，反向作空。112頁下圖是往後的走勢圖。

　　在這張圖形當中就清楚的看見，我們預期的事情並沒有
發生，加權指數的確有些下滑。但是，只是稍微的往下盤整
了一下，指數又開始往上走了，而且還突破了新高，之後一
波比一波更高，底部打的越來越結實，若是當時依照技術指
標而做空豈不是損失慘重。所以，這又告訴我們，心裡有戒
慎恐懼的心態也是不對的，容易患得患失。

　　最慘的就是，當我們空頭回補以後，看這走勢愈打愈結
實，若決定做多的話，可能這決定又變成壓死駱駝的最後一
根稻草。不信，看下圖的往後走勢。

在股市裡，事情總是發生的這麼突然，總是讓人措手不及，當自己決定做多時，上帝似乎會和你開玩笑的，祂把局勢再度扭轉過來，這時若是做多，再多的多單，都會因此而斷頭掉的。這就是台灣股市所延伸出來的期貨市場，總是讓人預料不及。

多空都不對，該如何是好

當投資人作多作空都不對時，信心一定大受打擊，不知該如何是好，一般人一定都會在此時收拾破碎的心，離開市場。

會產生這樣操作的障礙，乃是在於觀念上先有了主觀的「預盼」的期待，所以，在操作時全由「預測」來決定自己的多空方向，而既有預測當然就會有失誤。君不見，氣象預報雖然已經進步到人造衛星時代，可是也常常會發生失真的狀態。若只是預測天氣，預測不對時，最多只是多帶一把傘而已。而若預測不對發生在期貨上以及任何一項投資上，就必須要損失上一大筆金錢，甚至被強迫平倉，賠錢出場。

所以，當投資人問我：「老師，這個盤你看多，還是看空？」的時候，我通常會回答：「我不看多，也不看空。」因為一旦陷入，「看多、看空」的問題當中時，我們就不自覺的陷入「預測」的陷阱中。

操作台灣期貨，如果想要做的好，唯有完全的屏除預測

的心理，之後，才有可能操作的長久成功。

　　至於在屏除預測的心理之後，又該如何取捨自己的進出呢？此時，就只要遵照自己預定的「策略」去執行就好了。請相信我，最爛的策略也比完全沒有策略、憑空預測要強的多。當然筆者的策略自然不會是最爛的策略，我們會在操作篇當中，導引出最好的策略是什麼？繼續往下看吧！

（心智繪圖版）—————————————————————→

必須要有買賣雙方
「點到是」的方式
看得到、吃不到　　　　期貨的迷失
無交易量仍可漲跌

12. 期貨

剛好彌補移動平均線的迷失
　　　　　負負得正　　　期貨的迷失　　　建議方法
就用「它」
因為不預測　落後反而對

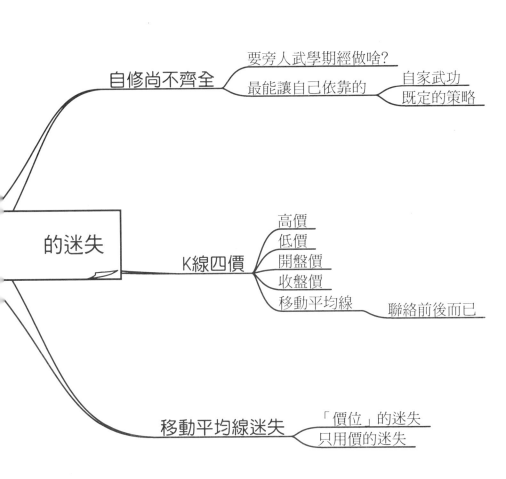

　　本因、本觀、本相、本參四僧見了鳩摩智獻演三種指力，都不禁怦然心動，知道三卷奇書中所載，確是名聞天下的少林七十二門絕技，是否要將『六脈神劍』的圖譜另錄副本與之交換，確是大費躊躇。

　　本因道：「師叔，明王遠來，其意甚誠。咱們該當如何應接，請師叔見示。」

　　枯榮大師道：「本因，咱們練功習藝，所為何來？」

　　本因沒料到師叔竟會如此詢問，微微一愕，答道：「為的是弘法護國。」枯榮大師道：「外魔來時，若是吾等道淺，難用佛法點化，非得出手降魔不可，該用何種功夫？」本因道：「若不得已而出手，當用一陽指。」枯榮大師道：「你在一陽指上的修為，已到了第幾品境界？」本因額頭出汗，答道：「弟子根鈍，又兼未能精進，只修得到第四品。」枯榮大師再問：「以你所見，大理段氏的一陽指與少林捻花指、多羅葉指、無相劫指三項指法相較，孰優孰劣？」本因道：「指法無優劣，功力有高下。」枯榮大師道：「不錯。咱們的一陽指若能練到第一品，那便如何？」本因道：「淵深難測，弟子不敢妄說。」枯榮道：「倘若你再活一百年，能練到第幾品？」本因額上汗水涔涔而下，顫聲道：「弟子不知。」枯榮道：「能修到第一品嗎？」本因道：「決計不能。」枯榮大師就此不再說話。

　　本因道：「師叔指點甚是，咱們自己的一陽指尚自修習

不得周全，要旁人的武學奇經作甚？明王遠來辛苦，待敝寺設齋接風。」這麼說，自是拒絕大輪明王的所求了。

節摘自『天龍八部』

　　咱們自己的一陽指尚自修習不得周全，要旁人的武學奇經作甚？而當自己迷惑於期貨上許多的繽紛分析、許多的技巧與預測時，最能讓自己依靠的，還是自己既定的策略。

　　＊　　　　　　＊　　　　　　＊

　　在所有的技術指標裡，我們最常用的莫過於「K線」指標，它是記載特定交易時間內所產生的四個項目。

　　高價、低價、開盤價、收盤價。

　　「K線」是一項很好的記載交易狀況的工具，而在K線中的最常使用的統計工具，莫過於「移動平均線」，移動平均線讓K線有了「聯絡前後」的依據，也容易讓使用者辨別現在的價位與平均價位之間的相對關係。不可否認的，「移動平均線」是一項很好用的工具，可是K線與移動平均線，並非萬能的工具，使用者千萬不要陷入它們的迷失之中。

迷　失

①「價位」的迷失：

　　以日線而言，現在的移動平均線取其收盤價當作是計算平均的「因數」，可是當天價位若有非正常變動的話，收盤

價根本不能代表當天的變動情形。

　　例如：有一天，你買了台積電1000張，在80元的位置，當天股價下跌，以最低78.5元坐收。而當天剛好只有某人以一張78.5元買到成交。這時候的移動平均線所取的參考價，不是要用的80元，卻是要用只一張成交的78.5元，你會認為這樣所取的「值」，有公信力嗎？當然不可能！因為移動平均線所擷取的數據本身就有問題，更何況再拿這些有問題的數據，去計算，當然更會有問題！

　　②「只用價」的迷失：

　　移動平均線只用價格作為它的參考因子，完全忽略到數量的變化，這也讓它成為只是一個「理想性」的分析工具。

　　例如：台積電有兩天收盤價都在80元，可是前一天成交量只有5000張，而另一天成交量卻暴增至230000張，足足有它的46倍之多。明眼人一看，就知道台積電將會產生變化，可惜在移動平均線上，卻仍然只標示著完全一樣的結果。這不是太失真了嗎？

　　一點都沒錯，至於其他的技術分析也有其迷失的地方，筆者已在『籌碼決定論』一書當中詳述，在此不多說明。

期貨迷失

　　對於以上的移動平均線的迷失，我們還只是在個股上討論，若移植到期貨上，那就更形複雜了，因為期貨指數對應

的是大盤指數（以台指期而言）。而且期貨目標明顯，以當月的第三個週的週三為結算日，也就是說，這場遊戲是招集所有投資人，大家都來預測，指數在第三個禮拜的禮拜三是收多少。這種說法，大概是最直接、明瞭的解釋出台股指數的說法。

　　然而期貨本身也有自己的K線與移動平均線，大盤本身也有自己的K線與移動平均線，事實上，兩者是分分合合、亦敵亦友的關係。我們來看下列兩張圖形：

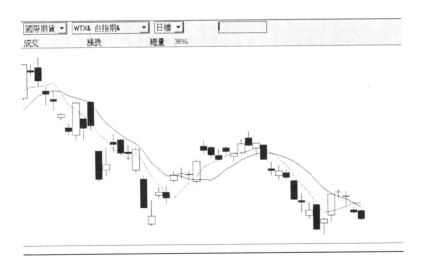

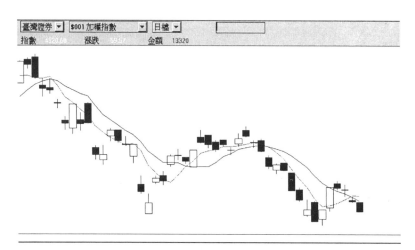

　　上一個台指期走勢圖，下一個加權指數走勢圖，如果仔細觀察的話，會發現，它們兩者在移動平均線上的交叉點大致都差不多，而且在Ｋ線的表現上，走勢也差不多。

　　可是若把Ｋ線數據改變為較短期來看，會發現兩者幾乎有50％以上的Ｋ線會呈現不同的變化。123頁圖是我們把時間拉的更敏感一點，以15分鐘為Ｋ線單位，我們再來看看兩者變化。

　　第一張圖是台指期的15分鐘走勢圖，第二張圖是加權指數的15分鐘走勢圖。我們從上面兩個圖形就可以發現，兩者移動平均線依然變化不大，該交叉的地方依舊交叉。而兩者Ｋ線雖然看似相似，可是仔細觀看Ｋ線的結構，就會發現兩

（心智繪圖版）

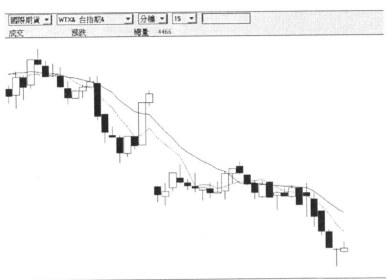

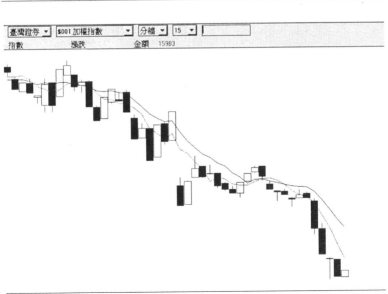

者的差異性變大了，甚至高低差距也跟著擴大。

　　這就是期貨迷失的地方，因為期貨相對於大盤，是另一項商品，有買賣者雙方的存在，可是卻硬要它配合加權指數的走勢（否則就會有人套利），變成一項買賣，買賣雙方都不由自主的交易。而期貨的價格變化權，卻非由期貨買賣者供需決定，也不是掌握在買賣雙方人數的多寡上，而是完全掌握在加權指數的手中，加權指數要它漲，它就得漲，加權指數要它跌，它就得跌，最多的變化，只是微調而已。也因為如此，指數期貨交易產生了獨特的「點到是」（註釋一）的交易模式。

　　在「點到是」的模式之下，常常會有看得到，卻吃不到的情形。而這也就是期貨迷失的點。

看得到，吃不到

　　對於期貨，常常會有看得到，卻獲利不到的迷失，我們又該如何應對呢？這時，只有跳脫技術分析的傳統思維模式之後，才有可能得到答案。必須得另尋可靠的分析，才能讓自己的眼界有所突破。

　　建議的方法是：不可太專注於Ｋ線的組合變化，而應該專注於它移動平均線的走勢。可是我們不是說過，移動平均線本身也有迷失嗎？那專注於移動平均線豈不錯中帶錯呢？

　　這時候就要回到我們所說移動平均線迷失之處，移動平

均線迷失在於：

1. 價位的迷失

2. 只用價的迷失

可是若細心探討卻會發現，這是針對個股及大盤而言。對於個股而言，有量才有價，它們本身就是交易實體。而對大盤而言，大盤本身是由個股組合而成的虛擬體，所以仍然不脫離「有量才有價」的觀念。

「點到是」交易模式

可是期貨本身卻是「點到是」的交易模式，在這個模式之下，它本身的成交量已經不太重要，因為或許大盤在一點數上，花費了100億的成交資金，而在期貨上它卻只有一張成交口數而已，甚至完全沒有，而兩者走勢卻依然會相同。

這是因為期貨跟著加權指數走，它無法脫離加權指數而獨立運作。然而對於任何個股而言，卻都可以輕易脫離加權指數而獨立運行，所以，期貨和個股是截然不同的產品，期貨有無量的特性。

無交易量，仍可漲跌

所以，我們可以說期貨本身已經脫離「量」的束縛，它只有「價」的走勢而已，而既然期貨只有價的觀念，期貨本身的K線走勢又常與加權指數稍有差別，再加上它只有短短

的一個月操作期限。

　　所以，檯面上一大堆的技術分析，通通都會對它失去效果，唯一能依靠的就是，只有最單純的組合——「移動平均線」。並且這個移動平均線，更應該是加權指數的移動平均線，而不是期貨本身的移動平均線，因為期貨它本身只是「附庸」性質，終究要回歸到加權指數走勢上。若依照期貨自己的移動平均線，反而很容易產生騙線的效果，我們應該以加權指數的移動平均線為規劃買賣標準。

相反的迷失

　　從以上的論點及圖形當中，我們可以得知，在現實中個股裡所會產生的迷失，恰巧可以是期貨市場裡最為有效的判斷工具，因為股票是重質又重量，而期貨卻是重質不重量，筆者把這種現象稱之為「相反的迷失」。

　　在期貨市場裡，我們不斷的測試發現「移動平均線」會比任何一個指標，都還要來得實用多。針對此點，我們爾後的順勢雙刀流操作指標裡，會大量用到「移動平均線」當作是我們判對買進賣出時的標準依據。

（註釋一）：何謂「點到是」的交易模式？此乃筆者自創的說法，是指期貨指數為了配合加權指數的走勢，勢必與加權一致，但是，它們兩者的交易人又不相同，交

易量也就截然不同。當加權指數放量長紅的時候，期指有時候未必會有量，不過長紅卻是一定可以確定的事。所以，我們才說加權指數的量是實質的，而期貨指數的量卻常常是虛無的。這就是「點到是」交易模式的意思。

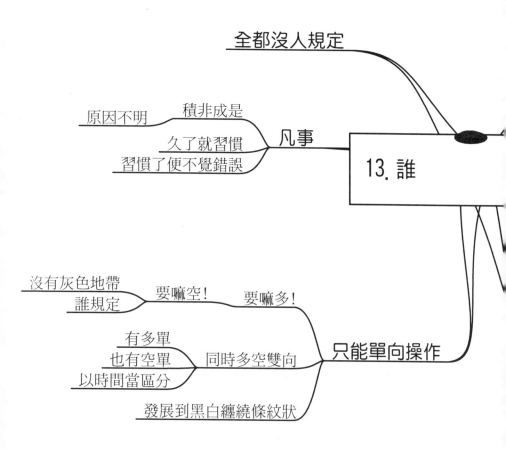

全都沒人規定

原因不明　　積非成是

久了就習慣

習慣了便不覺錯誤　　凡事

13. 誰

沒有灰色地帶

誰規定　　要嘛空！　　要嘛多！

有多單

也有空單　　同時多空雙向　　只能單向操作

以時間當區分

發展到黑白纏繞條紋狀

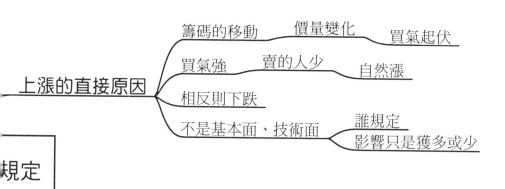

上漲的直接原因
- 籌碼的移動 ── 價量變化 ── 買氣起伏
- 買氣強 ── 賣的人少 ── 自然漲
- 相反則下跌
- 不是基本面、技術面 ── 誰規定／影響只是獲多或少

規定

期貨與股市不能並存
- 90%股民 ── 不玩期貨
- 賭徒在玩
- 誰規定 ── 只能賭徒玩／就用策略玩給你看
- 策略勝賭徒

　　過了數日，已是四月初八。張三豐心想明日是自己的百歲大壽，徒兒們必有一番熱鬧。雖然俞岱巖殘廢，張翠山失蹤，未免美中不足，但一生能享百歲遐齡，也算難得。同時閉關參究的一門「太極功」也已深明精奧，從此武當一派定可在武林中大放異彩，當不輸於天竺達摩東傳的少林派武功。這天清晨，他便開關出來。

　　一聲清嘯，衣袖略振，兩扇板門便呀的一聲開了。張三豐第一眼見到的不是別人，竟是十年來思念不已的張翠山。

　　他一搓眼睛，還道是看錯了。張翠山已撲在他懷裡，聲音嗚咽，連叫：「師父！」心情激蕩之下竟忘了跪拜。宋遠橋等五人齊聲歡叫：「師父大喜，五弟回來了！」

　　張三豐活了一百歲，修煉了八十幾年，胸懷空明，早已不縈萬物，但和這七個弟子情若父子，突然間見到張翠山，忍不住緊緊摟著他，歡喜得流下淚來。

　　眾兄弟服侍師父梳洗漱沐，換過衣巾。張翠山不敢便稟告煩惱之事，只說些冰火島的奇情異物。

　　張三豐聽他說已經娶妻，更是歡喜，道：「你媳婦呢？快叫她來見我。」

　　張翠山雙膝跪地，說道：「師父，弟子大膽，娶妻之時，沒能稟明你老人家。」

　　張三豐捋鬚笑道：「你在冰火島上十年不能回來，難道便等上十年，待稟明了我再娶嗎？笑話，笑話！快起來，不

用告罪，張三豐哪有這等迂腐不通的弟子？」

張翠山長跪不起，道：「可是弟子的媳婦來歷不正。她……她是天鷹教殷教主的女兒。」

張三豐仍是捋鬚一笑，說道：「那有甚麼關係？只要媳婦兒人品不錯，也就是了，便算她人品不好，到得咱們山上，難道不能潛移默化於她嗎？天鷹教又怎樣了？翠山，為人第一不可胸襟太窄，千萬別自居名門正派，把旁人都瞧得小了。這正邪兩字，原本難分，正派弟子若是心術不正，便是邪徒，邪派中人只要一心向善，便是正人君子。」

張翠山大喜，想不到自己擔了十年的心事，師父只輕輕兩句話便揭了過去，當下滿臉笑容，站起身來。

節摘自『倚天屠龍記』

誰規定名門弟子不能與他教通婚，看來張三豐薑是老的辣，果然一眼就看破其中迷思。我們在這一篇當中，就要來破一破，一些公認卻莫名其妙的投資規矩。

＊　　　　　＊　　　　　＊

我們在投資領域裡，常常會自我設限而不自知，也常常會自訂一些連自己也感到莫名其妙的規矩，然後莫名其妙地遵守它，最後自己被綁死在自己的規矩裡，而不自知！

上漲的原因

　　例如：誰規定買賣股票一定要參考基本面、技術面，然後才能賺錢，誰規定的？好像沒有人規定嘛！可是又為什麼所有的投資人都會遵照這樣的規定去做呢？然後自己反而賠錢！

　　這是因為沒人懂得投資股市的真正內涵，股票會漲會跌的真正原因在於：籌碼的移動，也就是供需不平衡所致，它的步驟，若簡化之後如下：

　　步驟：①籌碼移動　→②價量變化　→③買氣起伏

　　這才是投資市場價位起伏的真正原因，而不是所謂的技術指標在低檔，所以股票價格會漲，技術指標在高檔，所以股票價格會跌，也不是因為基本面看佳，所以，股價會漲，基本面看壞，股價才會跌。

　　或許這兩種原因或多或少會影響走勢的一些變化，可是若要講到最直接、最快速的原因，還是在於籌碼的移動。

　　股價最直接、最主要上漲的原因，絕對不是技術面、基本面兩者所造成的因素。買的人多，賣的人少，才是股價上漲的主要因素，買的人少，賣的人多，也才是股價下跌的主要因素。

　　這也就是我所說的「買氣起伏」，影響股價漲跌（關於這些論述，如果讀者有興趣，可自行參考『籌碼決定論』一

書）。

期貨市場

　　而另一個莫名其妙的常態，是在於股市與期貨不能並存的觀念。也就是說，投資人由於對股市接觸較久，較熟悉股市其中的概念（真的熟才怪），比較敢投資在股票市場上，卻很少有人是股市與期貨兩者兼顧的（投機者例外）。

　　以前筆者在券商擔任經理人時，雖然股市與期貨兩者都開放交易，而真正從事期貨交易的人，卻是少之又少。因為大家都認為期貨輸贏頗大，往往是個性投機的投機者，才會下場像玩賭博遊戲一樣在玩期貨。而且由於他們非常投機，也如前文所說的是個半桶水的投機者，於是他們都非常喜歡預測與跟風，也常常看到他們，因為把期貨當作賭博，也因而輸錢出場。

　　筆者幾乎很少看到，投資期貨的人像筆者一樣是有策略的，有步驟的在從事操作期貨。事實上，從我們任何的一個圖形當中，都可以看得出來，只要照著我們設計的指標圖形去操作，賺的絕對比賠的還要多很多，也等於說，筆者的操作模式是「穩賺不賠」的，可是就是極少人會設定策略去操作期貨。

　　可惜期貨市場裡是充滿賭徒，沒有一個賭徒，會像筆者一樣，有策略去從事期貨操作，所以，最後的下場也大多是

不了了之，輸錢出場。

策略勝賭徒

所以，誰規定期貨市場只能有賭徒，正因為這裡充滿投機的人，悲觀的人會認為自己若加入也會成為同樣的人，而樂觀的人卻看到一大堆機會，一片尚未開墾的新大陸。若是能有策略的加入其中，就會如同「鶴立雞群」一般，明顯而突出。正因為這裡沒有高手，而股市裡卻有太多的高手，與其花費精神、金錢在股市裡研究基本面、技術面的精神，還不如花點時間在期貨市場上，在期貨市場中只需要有策略操作，能看準行情，然後也能順勢操作就好了。看準行情，在這裡賺的絕對比股市還要多。

多空雙向

一般投資人之中，百分之九十九以上，一定會認為自己只能在同一時間做單向操作。也就是當自己看好時，絕對只能做買進，而不看好時，保守的人會賣出股票，積極的人再放空一些股票，最多如此而已。可是這又是誰規定只能如此呢？這是第三個誰規定？似乎也沒人如此規定嘛！

而我卻覺得，根本沒有人規定你不能同時多空雙向都作（套利除外）。為何就沒有人會如此想、如此做呢？是因為投資人的想法都太單純了，好像世界上不是黑就是白，完全

沒有灰色地帶，更何況乎是黑白混合纏繞的斑馬條紋狀。

　　筆者的「順勢雙刀流」，就已經發展出，如同斑馬條紋狀的投資結構，因為我已經領悟出投資是可以多空雙向，並且同時進行的，絕對不是單一單向的行進模式。其實根本就沒有人限制你不行如此，都是在自我設限。

　　由上面這檔股票的走勢圖看來，我們可以知道，這檔股票在八月時就可以翻空為多了，可是我們再看看136頁圖大盤的走勢。

　　大盤的走勢依舊弱勢，一就要路空向到底，在上圖中佳

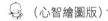

能已經翻空為多的同時，大盤期貨依舊要站在空方。這時我
們千萬不可看大盤來作個股，因為當大盤回升時，有些個股
就已經飆漲了它們的初生段。所以，此時的最好策略是多空
雙向，並且在不同的標的物上進行。

多空歧路

當我看「多」走勢時，會有作多的動作，也會有作空的
動作。這多空本來就是可以各走各的路，也可以完全不互相
干擾，最後反而會互相扶持獲利，因為我們說過，走勢只有

兩種，不是上就是下，不是多就是空，所以，設計雙刀流的目的，就是要掌握了兩者的脈動，再利用到順勢，則兩者都可以因此賺到錢。

不過有個先決條件，就是兩者都必須遵循各自的指標，而且只完全遵照指標行事，不能互相干擾。

沒誰規定

以上的一些墨守成規的規矩，其實都是沒有人硬性規定的，千萬不要不明究理，然後就隨便遵守。

要多思多疑，才會發現更多不切實際的規矩還在投資學問當中。惟有一一識破，投資能力才能大幅提升，自己多悟出一個前人沒想到的道理，社會上就多出個富人出來，這樣的報酬率划不划算呀！

14. 期貨沒

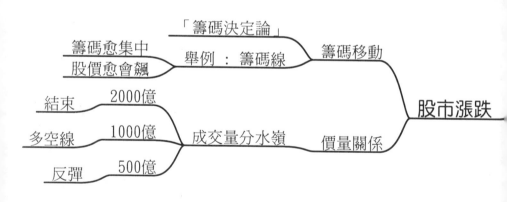

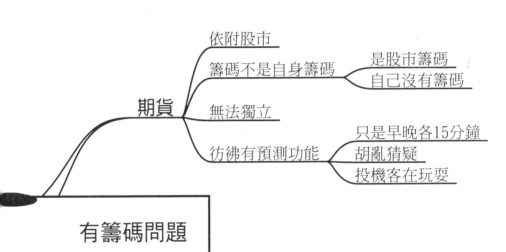

期貨

依附股市

籌碼不是自身籌碼 —— 是股市籌碼
自己沒有籌碼

無法獨立

彷彿有預測功能 —— 只是早晚各15分鐘
胡亂猜疑
投機客在玩耍

有籌碼問題

　　筆者在之前的一本股市專門書籍『籌碼決定論』一書當中，用了11萬字，70餘張圖表，詳述了股市漲跌的重點，是在於「籌碼移動」與「價量關係」。而非市面上一般所講的基本面與技術面的變化，此書終於用籌碼的眼光把股市的漲跌徹底地解釋清楚，而我們在這一篇當中，也來講講期貨的籌碼結構吧！

　　基本上，期貨是依附在加權指數上而形成的交易系統，所以它本身成交量的大小影響不了指數的走勢，甚至自己的走勢也無法左右，得完全聽從加權指數的指揮。不會像股市的個股一樣，有獨立的籌碼移動，而籌碼的移動又影響其股價的變化，原則上，股市與期貨兩者是截然不同的型態。

舉例來說，2386的國電依據筆者所創的「籌碼線」（較粗部分），可以看得出來，它的籌碼逐漸在壓縮，而且逐漸集中在三大法人的手上，並且價量的分布也呈現非常漂亮往上挺堅的走勢。

股票價格 108.50元 (2002年09月17日)　　　黑精靈 17,696張

三大法人(外資,投信,自營商)近一個月內的合計進出狀況　　　2002/9/17

日期	外資	投信	自營商	單日總計	累積量
2002/09/17	-177	1519	415	1757	17696
2002/09/16	-74	1342	165	1433	15939
2002/09/13	-19	1299	11	1291	14506
2002/09/12	365	534	-1	898	13215
2002/09/11	6	-7	0	-1	12317
2002/09/10	-275	2408	-223	1910	12318
2002/09/09	-301	875	-2	572	10408
2002/09/05	763	2642	-24	3381	9836
2002/09/04	-20	2228	-17	2191	6455
2002/09/03	-2177	3259	-118	964	4264
2002/09/02	-387	1181	212	1006	3300
2002/08/30	16	584	-490	110	2294
2002/08/29	272	33	30	335	2184

　　從上面兩個圖形，就可以輕易看得出來，三大法人在股價下跌時，仍然持續加碼買進該股，判斷量價結構的「籌碼線」也因為三大法人的買超，而排列出非常漂亮的價量上攻型態。

　　若依照我的『籌碼決定論』當中的論述，它的確是一檔

當時非常值得注意的標的股。這是根據「籌碼組合」，所推論出來的結論，在籌碼的世界裡「**籌碼愈集中，股價愈會飆**」，這檔個股完全符合以上的要求。所以，它以後必定也會在價格方面飆漲。直到它的籌碼開始鬆動為止。

期貨也能嗎？

我們在前面說過，期貨不像股市，可以獨立自主，它必須依附於加權指數上面變化。加權指數漲，台灣指數期貨勢必也要跟著漲，加權指數跌，台灣指數期貨勢必也跟著跌。一切都是依附在加權指數的架構之下。絕對不會有一天加權指數上漲100點，而台指期貨卻下跌100點的情形發生，最多只是期貨稍微調整一點，這調整的原因，乃是期貨的交易時間比加權指數，在前後多了個15分鐘，而這15分鐘只是投資者的胡亂猜疑罷了。

因為有依附大盤的特性，再加上期貨本身有多倉和空倉兩種倉的特性，也就是買多會留倉，賣空也會留倉。因此，它根本就無所謂的籌碼變化，一切的籌碼是有多就有空，兩者相加就等於是零。所以，它本身完全沒有籌碼的問題。

我們在先前說過，有籌碼問題才會有價量關係，既然沒有籌碼問題，當然也不會有價量關係。這也是為什麼筆者幫期貨設定指標時，只考慮價的結構，而完全忽略量的原因，因為它的量的多寡，根本不會影響到價的走勢。

籌碼不在自己

或許要說，期貨的籌碼不在本身身上，更切合實際一些，因為期貨本身依附在加權指數上面。所以，應該說加權指數的籌碼結構，才是指數期貨的籌碼結構，而至於如何分辨大盤的籌碼結構，就請自行參考『籌碼決定論』一書。在此我僅對大盤大方向，作個概略性的多空分野。

以日成交量來說：目前依照台灣的資金水位，應該注意幾個成交量的分水嶺分別為：

500億

1000億

2000億

其中，1000億是多空分野，日均量維持在1000億以上是多頭格局，1000億以下是空頭格局，日成交量超過2000億則股市有過熱的跡象，勢必會修正，成交量低於500億以下，則空頭隨時有可能反彈。

我們操作期貨時，除了順勢之餘外，也應該注意一下成交量，當作自己作為多空時判斷的基本因素。

能掌握大盤的大方向，也等於是把順勢能力，調整的更為敏感，不過順勢的精神還是要有，而不可有預測的心理存在。

觀念結束

　　所有的指數期貨觀念在此篇到此結束，下一篇是講選擇權的作法以及選擇權與指數、個股之間的套利、避險方法。至於指數期貨該說明的，都差不多已經說明了，至於怎麼開戶，怎麼與營業員交易，哪時候會被要求補款，跳動點是50元或者是200元等，較基層的交易規則。

　　筆者不想在此多討論，讀者可自行上網查閱，或者詢問期貨商。在此我們只針對重要觀念，加以說明。

　　而筆者把觀念篇放在前篇的目的，是為了先要讓讀者釐清「期貨市場」的交易觀念，千萬不要被股市走勢以及投機心態所左右。

　　因此，必先詮釋上述的觀念，有了上述的觀念，讀者已經立於不敗之地。在操作篇當中，我們就要正式進入「順勢雙刀流」的操作裡了，在那裡，筆者會更詳細的利用以上的觀念，來搭配雙刀流的做法，現在就讓我們一起進入期貨操作中，真正會賺錢的世界吧！

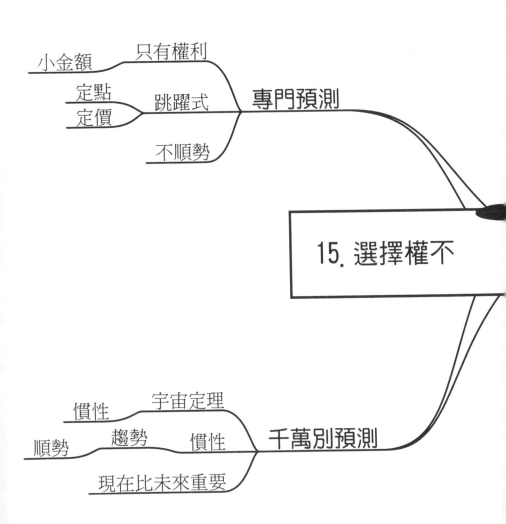

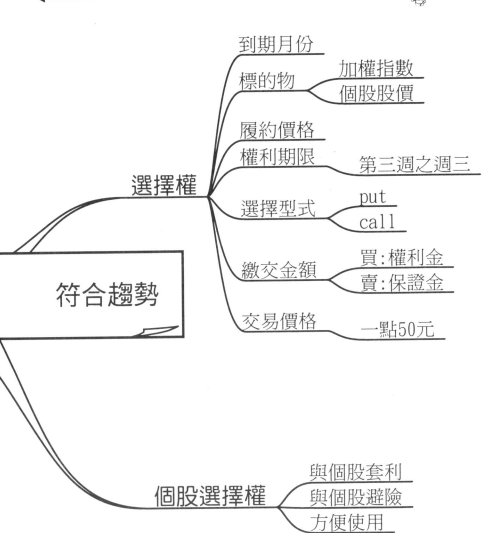

張無忌目不轉睛的凝神觀看，初時還道太師父故意將姿勢演得特別緩慢，使俞岱岩可以看得清楚，但看到第七招『手揮琵琶』之時，只見他左掌陽、右掌陰，目光凝視左手手臂，雙掌，慢慢合攏，竟是凝重如山，卻又輕靈似羽。張無忌突然之間省悟：「這是以慢打快、以靜制動的上乘武學，想不到世間竟會有如此高明的功夫。」他武功本就極高，一經領會，越看越入神，但見張三豐雙手圓轉，每一招都含著太極式的陰陽變化，精微奧妙，實是開闢了武學中從所未有的新天地。

約莫一頓飯時分，張三豐使到上步高探馬、上步攬雀尾，單鞭而合太極，神定氣閒的站在當地，雖在重傷之後，但一套拳法練完，精神反見健旺。他雙手抱了個太極式的圓圈，說道：「這套拳術的訣竅是『虛靈頂勁、涵胸拔背、鬆腰垂臀、沉肩墜肘』十六個字，純以意行，最忌用力。形神合一，是這路拳法的要旨。」當下細細的解釋了一遍。

俞岱岩一言不發的傾聽，知道時勢緊迫，無暇發問，雖然中間不明白之處極多，他只有硬生生的記住，倘若師父有甚不測，這些口訣總是由自己傳下去，日後再由聰明才智之士去推究其中精奧。張無忌所領略的可就多了，張三豐的每一句口訣、每一記招式，都令他有初聞大道、喜不自勝之感。

節摘自『倚天屠龍記』

　　上乘武術使出來都是柔軟如棉、堅硬如鋼，張三豐、張無忌倆人都是一等一高手，高明武術對他們來說，自然如同江河匯大海，立刻能體會應用。而選擇權對於期貨高手而言，也如同小兒遊戲一般，稍微了解，馬上就能夠應用自如。

　　　　　＊　　　　　　＊　　　　　　＊

　　台灣證券期貨交易所，有鑒於南韓期貨交易所把「股市選擇權」辦的有聲有色，一天成交量可以有幾十萬口之多，於是也效仿南韓，把選擇權的交易模式，搬進台灣期貨市場裡來，我們此篇來探討，選擇權的內容是否符合「期貨雙刀流」的操作手法，首先，必須要知道何謂選擇權？

何謂選擇權

　　選擇權是期貨的衍生性商品，現在台灣有「台指選擇權」與「個股選擇權」兩種形式的選擇權。其開辦交易的單位是台灣證券期貨交易所，它與券商自行辦理的認購權證不同，最主要差別在於「交易對象」，選擇權是投資人與投資人之間的交易，而認購權證卻是券商賣給投資人，所以，選擇權沒有額度的限制，而券商發行的認購權證，卻是有一定額度的限制。

　　選擇權是一種事先約定的契約。此契約之持有者（買方），在支付權利金後，擁有在未來的某一特定時日，以約定價格（履約價格）買入或出售一定數量標的物之權利。此權

利可以執行、也可以放棄,而讓契約於到期日自動失效,端視執行此契約是否有利可圖而決定。

在個股而言,很類似以前在證券商流行發售的「認購憑證」,只是選擇權靈活多了,並且多加了「賣權」的部分。開辦者也由綜合券商變成了交易所,選擇權是由證券期貨交易所公辦,而不是由綜合證券商私辦。

選擇權內容

選擇權內容包括以下各項:

1.到期月份:自交易當月起連續三個月份,另加上三月、六月、九月、十二月中二個接續的季月,總共有五個月份的契約在市場交易。

2.標的物:台股加權指數、個股股價。

3.履約價格:選擇權契約上 所訂定履行合約時,標的物之價格(例:台股5100點、台積電50元)。

4.權利期間:每個月的第三個星期之星期三,為當月選擇權到期日。例如:十月份5100之買權,到期為十月第三個星期之星期三。

5.選擇權的型式:分為兩種,一是買權(call),另一是賣權(put)。

台指選擇權					到期月份		200310				
加權股價指數		5132.23		-18.92		最高：5185.25		最低：5117.46			
Calls					台指選擇權			Puts			
買價	賣價	成交價	成交量	時間	履約價格	到期月份	買價	賣價	成交價	成交量	時間
261.0	277.0	277.0	1	10:04:48	4900	200310	30.0	34.5	32	81	10:11:49
185.0	202.0	202.0	1	10:11:01	5000	200310	55.0	60.0	57.0	97	10:08:02
130.0	138.0	132.0	24	10:05:21	5100	200310	93.0	95.0	93.0	234	10:08:18
85.0	89.0	85.0	79	10:13:59	5200	200310	142.0	148.0	145.0	65	10:02:29
52.0	55.0	54.0	256	10:13:40	5300	200310	205.0	216.0	214.0	28	09:55:49
29.0	30.0	28.0	100	10:12:55	5400	200310	283.0	300.0	285.0	18	10:08:11

6.繳交金額：買賣雙方約定，買方支付「權利金」予賣方，而取得未來以特定價格買進或賣出大盤指數的權利。而賣方收取權利金，則有履約的義務，並需繳交「保證金」。若雙方有人不履行交易，權利金或保證金則予以沒收，若是出售賣權、買權的賣方，提供之保證金不足時，必須補足保證金。所以，買方風險有限，獲利無限，而賣方卻是獲利有限，風險無限。

7.指數選擇權的交易價格為權利金，以「點數」揭示，每點價值為新台幣50元。

專門預測

我們從上面「選擇權」的內容就可以得知，很明顯的「選擇權」是屬於更小金額的期貨交易，也是原始期貨交易模式的一種，就是買賣雙方約定一個價錢之後，雙方等待交易日的到來，然後在履行交易內容。在期間內雙方仍可以賣出

自己手中的權利，因為這只有行使交易的權利而已，所以，
交易的金額更低，有時候台幣一二千元就可以買一口買權或
賣權，這是更低金額的交易模式。

　　而它的做法，因為基礎是在於「預測標的物未來的交易
價格」，所以，與操作「順勢雙刀流」有很大的不同。雖然
期貨也是講求對未來的預測，甚至股市也是講求對未來的預
測，但是，我們卻可以利用交易行為與大盤密切的關係，衍
生出「順勢」的技巧出來，因為宇宙萬物都有一個「慣性」
的定理，一旦有慣性就會有趨勢，然後，我們就可以追求趨
勢，除非有其他的力量來干擾，否則慣性會一直持續下去。

這就是我們「順勢操作」的精神所在。

152頁圖中的走勢，是K線配合上「雙刀流」中的長刀流指標線，很明顯的長刀流能很及時的「順」指標線操作，而完全屏除預測的做法，它的好處就在於雖晚一步卻能夠及時的跟上趨勢，而不是憑空臆測走向。

而選擇權確不是如此，選擇權的買賣是，選擇用跳躍的方式來表現它的「預測點」，比較不連貫性，猜對了當然是好，可以用極少的錢，賺取絕大的利潤；可是相對的，一旦猜錯了，自己的那點錢，很快的就被吞沒光了，與期貨隨時可以多空互換，極為不同，比較是點狀下注的模式。所以，我們只能說選擇權是期貨的衍生性商品，仍無法像期貨一樣靈活應用。

千萬別預測

若要在金融經濟操作之下獲利的話，筆者的終極心得就是「別預測」，千萬不要有預測的想法及做法出現，因為有預測就有錯誤，有錯誤就有損失。還不如掐頭去尾，利用順勢賺其中那一段，比較實在。

而且因為預測與選擇權是一樣模式，也是用跳躍思考的模式，無法有效的掌握內涵的變化。我們舉個例子來說：有一個人去算命，結果算命先生告訴他，他五年後將會無限發達，坐擁無限財富，難道他就可以天天睡覺吃飯，等到五年

後發達嗎？如果現在的他坐困愁城，一籌莫展，連自己的生活都出現問題了，又怎能度過五年的時光呢？好啦，就算命是真的，他也必須從現在開始努力，至少活著，五年後，也才有命去享受他五年後的財富呀！

　　而努力的過程就是趨勢，我們投資一項事業，當然也是在它底部的時候進場，是最好的時機，並且隨時準備在高檔脫離，以便低檔再接。而不是一口氣就買它五年後的榮景，因為任何事情都是變化無常，其中隨時有很大變化存在，您說是不是呀！所以，跳躍式的投資，是無法有任何實質背景作依靠的，還不如老實點依靠趨勢，並且順勢操作吧！

套利與避險

　　可是也別小看了選擇權，尤其是個股選擇權，現今台灣合法的投資疆界就包含了，股票、台指期貨、電子期貨、金融期貨、小台指期貨、指數選擇權與個股選擇權等，共七種投資標的。其中①股票與個股選擇權、②台指期貨與指數選擇權，是可以相互套利、避險的。筆者就把自己常用的套利、避險的方法，提供出來

套利方法

　　例如1：當某甲持有台積電時，就可以佈相同口數的賣call買權單，或者趁機買個put賣權，高價掛在個股選擇權上，

一旦有人買進，某甲就等於獲利實現。只要再等適當的時機沖消，或等時間到結算都可以，或者等股價回跌時，再度反向操作，因為某甲手中有台積電持股，所以，不會有任何被軋空的危險。

例如2：當某甲沒有台積電時，就可以觀察台積電與個股選擇權之間價價差關係，一旦波動過巨時，兩者價差出現利潤，就開始兩者反向買賣，之後等波動平息後，就開始沖消，或者等時間到結算，以賺取其中利差，這是穩賺不賠的生意。

避險方法

當自己手中有股票（或融券）時，才有避險的可能。

例如1：當某乙有台積電股票時，而當股市不佳，台積電股價被打到跌停板的話，此時某乙為了不讓自己的損失繼續擴大，可以買相對口數的put賣權因應。

如果隔日股價回漲，那某乙仍可以不履約，只損失少許的權利金。而如果股價繼續下跌，此時某乙就已經鎖定損失價差，而不會繼續損失。

例如2：當某乙融券放空，遇到被軋空，股價回補不回來時，某乙就趕緊買相對口數的call買權，此時某乙只要等待到期日來臨就好了，一旦股價回跌，就回補賺股票，不履約買權，損失一點權利金。

而當股價都不回檔時，就履行交割權利，在適當時機相
互對沖，把融券回補和沖掉買權，此時由於損失已鎖定，所
以不會再擴大。

各有利弊

所以，我們發現雖然選擇權無法有效的順應大盤方向，
無法密切的跟著趨勢，不過作為其他個股的「補強工具」，
卻極為理想。因此，我們仍要把選擇權當作是個很好的操盤
工具，不可輕忽了。

操作篇

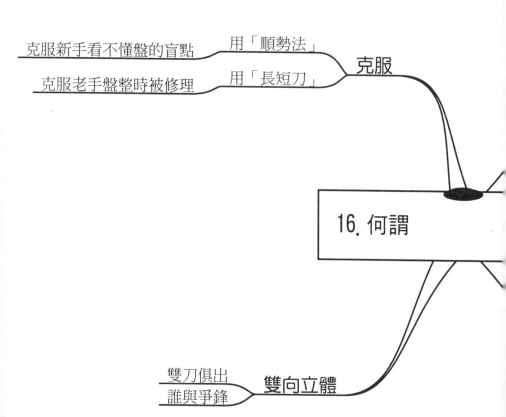

克服新手看不懂盤的盲點　用「順勢法」

克服老手盤整時被修理　用「長短刀」　克服

16. 何謂

雙刀俱出
誰與爭鋒　雙向立體

研發用意
① 執行順勢原則
② 規避震盪風險
③ 長短皆須獲利
④ 明確操作策略

雙刀流

期貨的「勢」
不在自身的價量關係
聽隨加權指數
以自身與學員實驗
效果絕佳

雙刀流規則
規範順勢原則
設定兩個資金部位

　　空聞微一沉吟，心想：「武當派除了張三豐和七弟子之外，並沒聽說有何高手，他臨時找個人來，濟得甚事？若說請了別派的好手助陣，那便不是武當派對少林派的會戰了。諒他不過要保全『武當七俠』的威名，致有此言。」

　　於是點頭說道：「好，我少林派七名僧人，會鬥武當七俠。」

　　俞蓮舟、張松溪等卻都立時明白宋遠橋這番話的用意。原來張三豐有一套極得意的武功，叫做「真武七截陣」。

　　武當山供奉的是真武大帝。他一日見到真武神像座前的龜蛇二將，想起長江和漢水之會的蛇山、龜山，心想長蛇靈動，烏龜凝重，真武大帝左右一龜一蛇，正是兼收至靈至重的兩件物性。

　　當下連夜趕到漢陽，凝望蛇龜二山，從蛇山蜿蜒之勢、龜山椿穩之形中間，創了一套精妙無方的武功出來。

　　只是那龜蛇二山大氣磅礴，從山勢演化出來的武功，森然萬有，包羅極廣，決非一人之力所能同時施為。張三豐悄立大江之濱，不飲不食凡三晝夜之久，潛心苦思，終是想不通這個難題。到了第四天早晨，旭日東升，照得江面上金蛇萬道，閃爍不定。他猛地省悟，哈哈大笑，回到武當山上，將七名弟子叫來，每人傳了一套武功。

　　這七套武功分別行使，固是各有精妙之處，但若二人合力，則師兄弟相輔相成，攻守兼備，威力便即大增。若是三

人同使，則比兩人同使的威力又強一倍。四人相當於八位高手，五人相當於十六位高手，六人相當於三十二位，到得七人齊施，猶如六十四位當世一流高手同時出手。

節摘自『倚天屠龍記』

張三豐以龜蛇二物領悟了拳法中沉穩與靈動的奧妙，而我們以長短二刀，也是兼顧了沉穩與靈動二者的特性！會有如此的體悟，原來筆者也是位太極拳的喜愛者。

＊　　　　　＊　　　　　＊

雙刀流的全名為「期貨順勢雙刀流」，這是我自己運用籌碼計算的功力，針對期貨的特性，所研發出來的一套期貨操作模式，它的原始用意在於：

1. 執行順勢原則

2. 規避震盪風險

3. 長短線皆需獲利

4. 明確操作策略

四大用意

因為我發現，期貨的特性在於「厚利薄本」，相對的，也容易變成「厚損薄本」。所以，面對這種市場，除了我們應具備先前所講的觀念之外，更重要的還是在於操作時能絕對的「順勢操作」。

而期貨的「勢」不在本身的「價量關係」上，卻是完全聽隨於加權指數的指揮，所以「勢」的確認就會較為困難些（君不見，全台灣不到三千萬人，卻有一千多萬的投資人，可是又有誰能完全猜對明日大盤走勢）。所以，既然「勢」是難以確認的，因此要猜對期貨的走勢，風險也跟著增加。因此，在第二個用意中，就是希望能在期貨操作中避開震盪的風險，而且還必須可以規避隱藏性的風險。

操作手法

這辦法筆者已經想出來了，而且也在自身上還有學員身上實驗，都得到相當良好的結果，那就是自我發明的「順勢雙刀流法」操作法。手法是：先把自己要操作期貨資金部位一分為二，分別給於兩個不同的時間波之指標去操作，這也就是建立「長短倉」的意思。這樣一來，長線的獲利可以彌補短線的震盪，而短線的獲利也可以彌補長線不靈活導致的虧損。

也因為有了長短流的結構，這才發現長短流之間，原來彼此是可以互補有無的。這樣的操作，雖然會讓自己的操作看起來很奇怪，甚至會互相矛盾（有時會同時持有多、空單），但是兩者在盤整時刻，卻有互補功能，能讓自己在無形之中規避了風險。尤其是當自己對於大盤的走勢，絲毫沒有概念的時候，雙刀流的做法，更可讓自己進可攻，退可守，

的確是十分理想的操作策略。

　　而我們都知道，遵守投資紀律的重要性，我甚至在『籌碼決定論』一書當中，開闢一章專門講嚴格遵守投資紀律的重要性。但是，投資會碰到的最大問題，卻都發生在「紀律不明確」時。例如：我們都知道軍隊是鐵的紀律，可是，假若碰到打仗時，會發現最猶豫要不要打仗的不是軍隊，而是三軍總指揮，然而並沒有紀律規範三軍總指揮，怎樣的狀況要打仗，如此一來，會變成可以打仗，也可以不打仗。這樣的猶豫，反而會成為打仗時，最大的弱點！

　　投資也是如此，如果你沒辦法規定自己哪時候要買，哪時候要賣。那就如同上例的軍隊一樣，不知何時要做戰、何時要止戰！所以，規範出「明確的操作策略」變成一項非常重要的事情，一旦能遵守明確而且正確的操作策略，在期貨市場上想要賺錢，甚至是任何市場，又有何難哉？

　　於是在以上四種要求之下，「期貨順勢雙刀流」的做法誕生了。

做　法

1. 規範順勢原則：設定一個指標，最好是能相互交叉的指標，然後完全聽從指標的建議，該進就進，該空就空，兩者不能互相干涉，該空就空，該多就多，縱使兩者多空相互矛盾，也不改變。

　　要設定買進、賣出的指標，就要如上圖一樣，設定兩個
指標，只要兩條線交叉，就開始買賣，一交叉該空就空，一
交叉該回補就回補，但是，先決條件是這兩條指標要夠準確
明瞭。上圖是筆者規劃的指標，只要我們完全遵守紀律，從
圖中二線交叉中可以看得出來，每次交叉就操作，絕對是賺
錢大於賠錢。這指標由於是落後指標，所以，也不會有預測
所產生預設落空的問題發生，我們順著指標操作，也不會犯
預測的毛病。

　　2.設定兩個資金部位：前面已經講順勢了，再來，我們
需要把投資期貨的資金一分為二，設立兩個倉的資金部位。
而且規定兩者不能相互挪用，一個當作是短刀流（短期）使

用的資金部位，另一個是長刀流（長期）使用的資金部位，
各自設立順勢的標準，各自順從著各自的指標進行活動，然
後就會發現效果絕佳。不信請看下列圖形：

以下兩個圖形，是筆者典型使用的雙刀流，第一張圖是
長刀流，第二張圖是短刀流，做法都是一樣，遵循指標，該
空就空，該多就多，有時候會發現很有趣的現象，那就是，
當長期還在長空的時候，短期卻已經翻揚作多了，雖然這時
候兩個倉位是相互矛盾，甚至互相牴觸，看似愚蠢行為，可
是當長線翻揚起來的時候，長線開始翻空作多，自己結算空
頭還是有賺錢的，而此時的短刀，卻也來回好幾趟，雙方各
自賺各自的錢，看似愚蠢，互相抵制，卻能各自賺錢。這正

是如同張三豐的蛇龜二物一樣，一個靈活一個沉穩，兩者卻都可以捕捉到獵物，兩者都不會餓死。

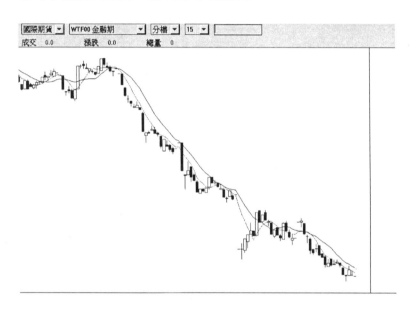

雙刀俱出，誰與爭鋒

　　期貨市場操作時最怕什麼？新手最怕急漲、急跌，老手怕盤整。因為新手老是作錯邊，要漲的盤，看成要跌的盤；要跌的盤，看成要漲的盤，結果老是反向操作，先頭的幾次都還只是小虧而已，一旦「主峰」來了，那虧損就大了。

　　老手怕盤整，即老手看得清楚大盤的方向，所以，容易賺到主波段時的走勢，可是老手卻怕盤整，因為盤整忽上忽

下，很容易讓人迷失方向，甚至當下自我價值感喪失。老手一會兒作多被修理，一會兒作空也被修理，每次出擊，有50％以上的機率要虧損，常常停損的結果，損失大於收穫，所以，老手在盤整的時候，吃虧最大。

而順勢雙刀流設計的模式，就是要一併克服新手、老手所容易犯的錯誤。

如何克服呢？

第一，用「順勢」法，克服新手看不懂盤的盲點。

第二，用「長短刀」法，克服老手盤整時，被來回修理的盲點。

舉 例

新手的問題，較容易解決，因為新手不懂市場，喜歡預測，喜歡看技術分析操作。此時只要設定指標，強迫告訴自己順勢操作就行了，其他的就剩下操盤時EQ的問題。而老手的問題，如果用單向思考是很難解決的，幾乎可說是無解的難題，若要徹底解決，只有先退出觀望一途。

這讓我想到金庸小說『笑傲江湖』裡頭的一段內容。話說令狐沖學會了獨孤九劍之後，與任我行一行人去攻打東方不敗，一行人武功都很高強，可是東方不敗自從練了葵花寶典之後，功夫更是一日千里，相較之下，功力竟然還在他們

眾人合擊之上。雙方一見面，一言不合，就打了起來。東方不敗手裡只拿了一支縫衣針，就逼得所有對手毫無招架之力，而令狐沖自從學了獨孤九劍之後，出劍時只見對方破綻。雙方一交手，只見令狐沖看不出東方不敗的任何破綻，於是仗劍退了幾步，還是見不到任何破綻，於是又退了幾步。而東方不敗一輪猛攻之後，竟然只稱讚會仗劍退步的令狐沖，說：「這小兄弟的劍法，也不錯。」

所以，老手在盤整時，若只退出觀望，也能算是一名高手。

但是，筆者所設計的雙刀流，卻有更好的辦法，雙刀流跳脫單向思考的邏輯，把操作帶向立體空間的思考模式，如此一來，就輕易解決老手的困擾。我們來看實例：

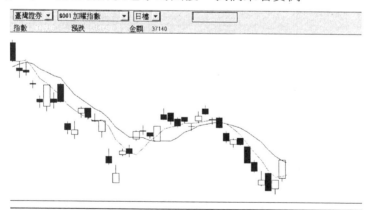

這是「長刀流」的實際操作模式，是以日線圖進行的，從最後一天的交易看來，當時我們是作空的，可是最後一、二日卻大漲，指數由黑翻紅，急漲，這時候，若沒有反手作多，似乎不是明智之舉，而我們的「長刀流」指標卻仍然告訴我們繼續要作空單。若只是如此操作，似乎有些愚蠢。可是我們再看「短刀流」的做法：

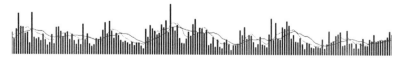

　　上圖是「短刀流」當時的實際操作，雖然當時「長刀流」沒有回補的動作，從上圖前半段看來，可是「短刀流」已經動作頻頻，筆者設計的短刀流是以15分鐘K線為計算單位（後面我會解釋，為何會以15分鐘為設定單位），在指數翻

揚的同時，早已經跟上作多，所以，這一小波上將近漲了150點，而「短刀流」約賺了120點左右。雖然「長刀流」沒賺到這一波急漲，可是「短刀流」卻賺了個飽。而長刀流真的只是虛幌一招而已嗎？我們再來看下面的走勢。

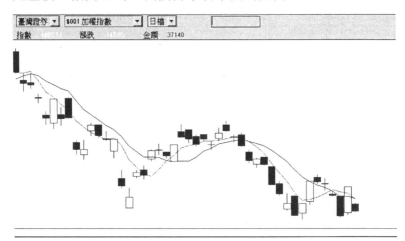

臺灣證券 ▼	$001 加權指數 ▼	日檔 ▼	
指數 4405.51	漲跌 147.05	金額 37140	

這是後來「長刀流」的實際操作，長刀流在後來的第四K線後，結束空單，於一根長黑之後，也是雙線交叉的後一天，空單回補，最後結算也賺了將近約300點的跌幅。當然之後的「短刀流」也順勢空單，另外貢獻了80點左右的基數。

所以，一波結束，長刀流賺了300點，而短刀流賺了200點，合計兩口就賺了500點。這若是在迷你指數上，是賺了2

萬5千元,而在台指指數上,就是賺了10萬元,簡單幾天,就賺了50%的利潤。

這就是雙刀流

這就是順勢雙刀流的威力,不但彼此互補,而且還各賺各的,讀者一定會問,若當時股價持續上揚呢?

答案很簡單,若當時股價持續上揚,長刀流一定會在第三天雙線交叉,於是遵照指標反空為多,可能長刀流只賺100點的空間,但是,當時的「短刀流」卻可以持續作多,獲利將會超過300點以上。

所以,不管盤勢怎麼走,「順勢雙刀流」的做法,只會一方多賺、一方少賺,或者一方少賠、一方多賺而已。兩兩相加,一定是正數,也就是一定會是獲利的。

因此我才說,雙刀俱出,誰與爭鋒,這就是筆者自創的順勢雙刀流操作法。

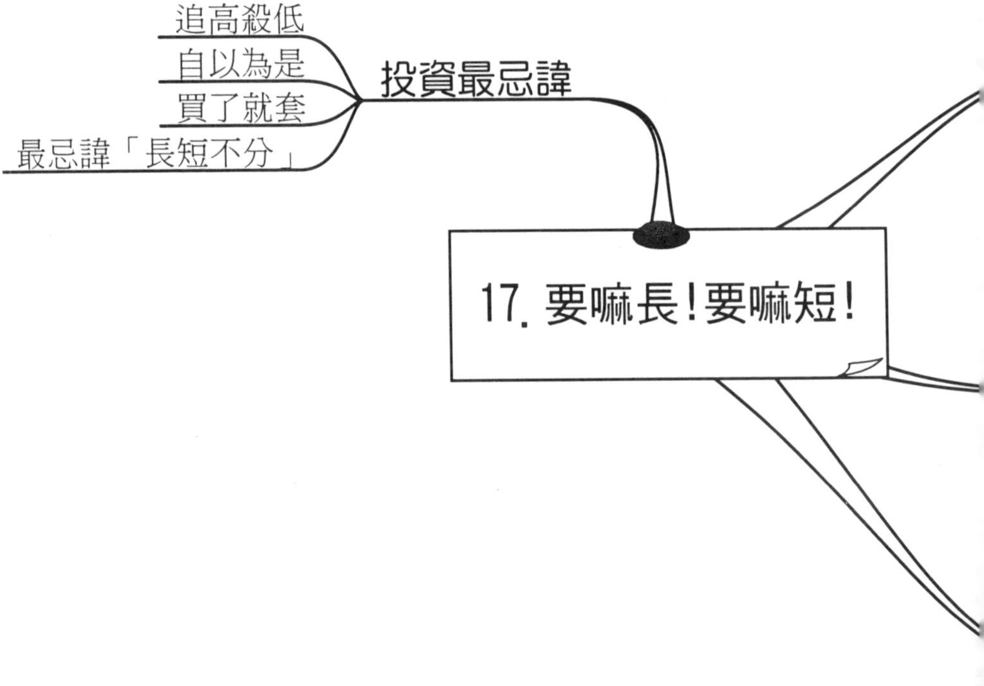

追高殺低
自以為是
買了就套
最忌諱「長短不分」

投資最忌諱

17. 要嘛長！要嘛短！

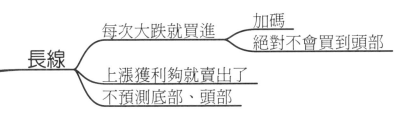

長線
　每次大跌就買進　　加碼
　　　　　　　　　　絕對不會買到頭部
　上漲獲利夠就賣出了
　不預測底部、頭部

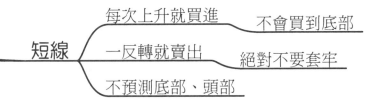

短線
　每次上升就買進　　不會買到底部
　一反轉就賣出　　絕對不要套牢
　不預測底部、頭部

選擇自己模式
　從一而終
　長短雙刀流都是短線　　因為順勢

　　投資期貨和股票，最忌諱什麼？不是追高殺低，也不是
自以為是，買了就套。最忌諱的就是「長短不分」，就是連
自己也搞不清楚，自己是要長線操作，還是短線進出。

　　「長短不分」的投資人常常會隨著局勢的變化，變成要
長不長，要短不短。美其名為順勢而為，其實一點也不知道
順勢的精神。雖然順勢重要，但是若沒有自己的操作風格，
就會變成畫虎不成反類犬。不長不短更容易讓自己變得無所
適從。

　　因此，當你在投資期貨之前，應該先確定自己的操作時
間表。要嘛！就長期投資，每次都下跌時，底部進場，擺久
一點。如下圖：

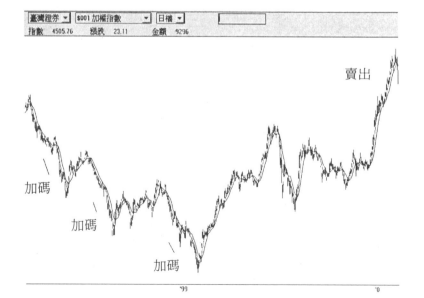

174頁圖中每逢股價大跌，都是買點，這就是長期投資法，雖然無法知道哪時候才能獲利賣出，但有點可以確定的，那就是買到的時候絕不是高點，若不是買在高點，總是有機會賺到錢的，這才是長線持有的操作法的模式。

　　而另一個就是，要嘛！就短線買進，一遇到上漲機會就買進，一遇到上升阻力就賣出，不能有絲毫的猶豫。如下圖

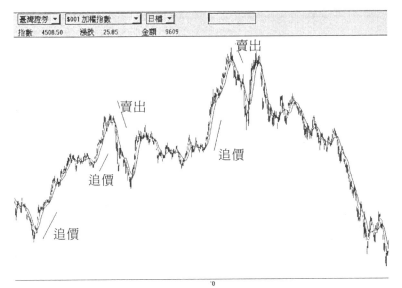

　　圖中每次股價開始加溫上升時，都是此操作法的買點，完全不去預測股市會上漲到哪裡去，當然也不必擔心會買到高點，但是，卻也無法買到最低點，因為市場總是經過眾人的測試低點之後，才能事後知道（有些分析師常說自己預測底部有多神準！這種鬼話我從來不信。）總是在低點過後，

開始上升時才加入。

這樣的唯一好處，是馬上能夠享受股價上漲的快感，但是，要配合在高點出現後反轉時，出脫持股，否則又會變成不長不短的做法。這才是短線的操作法的模式。

先定模式

以上兩種操作法都能在股市賺到錢，但在買賣之前，得先確定自己適合的操作模式，不過，兩者操作模式只能選擇其一，把自己固定在一個模式之後，才能有更明確的操作策略出現。

這樣才不至於在高檔買到卻被套牢時，捨不得賣出，這就是短線轉成長線的錯誤。也不能在股市急殺時買進持股，結果見到股價不漲，又在更低時出脫持股，這是長線轉成短線的錯誤。兩者的操作手法是不能同時並存的，因為若長期操作就不能在高檔買進，而若短期操作卻是一有上升機會就要買進。長線是不能在更低檔時賣出，短線卻要在股價一變弱就賣出，兩者操作截然不相同。

雙刀流是否如此

雙刀流雖有長短線的做法，但是，它的前面卻有加上「順勢」二字，只要加上順勢二字的東西，在我的認知裡就是短線的做法。我們要知道，期貨市場是有時間限制的，也就

是不能太長，雖然它最長有一年的期約，但90％的交易者都是集中在最近一個月內完成，所以，我們就無法利用長線的做法。而為何我們還稱作是長短刀呢？因為我們的確是分成兩個資金單位在進行，只不過這兩單位，都是短線進出再分成二個部份罷了。

如下圖是短刀的做法：

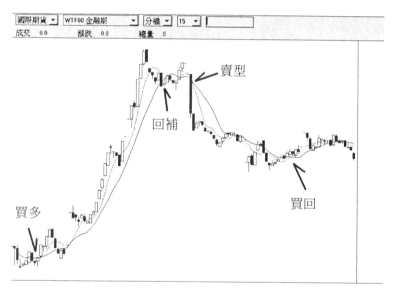

短刀流不依照Ｋ線行事，卻必須完全依照指標線的交叉在行事，可見短刀流是順勢也是短線操作的絕招。

再來是長刀流的做法

178頁圖是長刀流的做法，長刀流進出的次數就無法像短刀流一樣的頻繁，它勢必會反應較慢，但無論如何，它也是

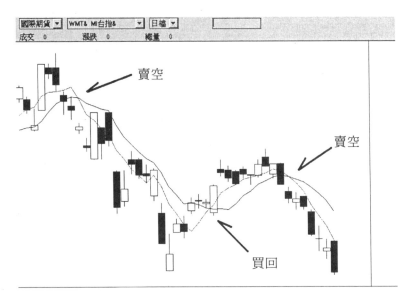

順勢操作，因為它不在低檔佈置多單，所以，仍然是屬於短線操作的模式，只不過它操作時間較長一些罷了。

期貨沒有長線

我們從線型上來看，會發現似乎期貨很難存在著長線的逆勢操作手法，而長線操作的特性是什麼？就是預測，它需要預測低點，然後買進，被套牢沒關係，反正這裡已經不是最高點，就算是套牢，也不會太深，這就是長線買了就擺著的做法。

可是，期貨不能被套牢的，一旦被套牢，將會被執行清算的，期貨公司會自動幫你結算的。聽說期交所自從開業以

來，從未有違約的事件發生，那是因為都被期貨公司先行處分掉了嘛！你希望你的期貨倉被處分掉嗎？當然不會。所以千萬不要用預測的做法來操作期貨。因為期貨沒有長線的做法，期貨是禁不起套牢的。

　　所以，在期貨的交易世界裡，都只存在短線的操作，不能有長線的操作，更不能有不長不短的操作，記得，在期貨市場只有一個交易模式存在，那就是「短線進出」。

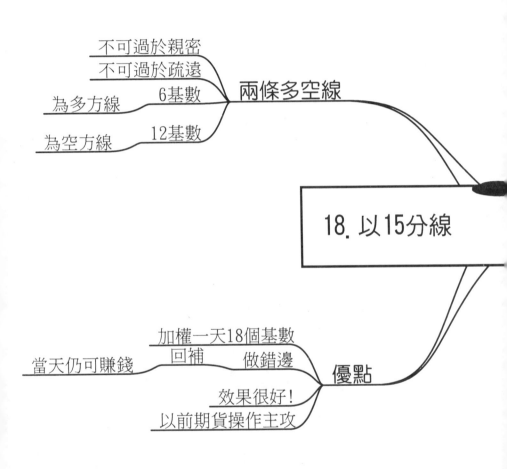

不可過於親密

不可過於疏遠

為多方線　6基數　　兩條多空線

為空方線　12基數

18. 以15分線

加權一天18個基數

當天仍可賺錢　回補　做錯邊　優點

效果很好！

以前期貨操作主攻

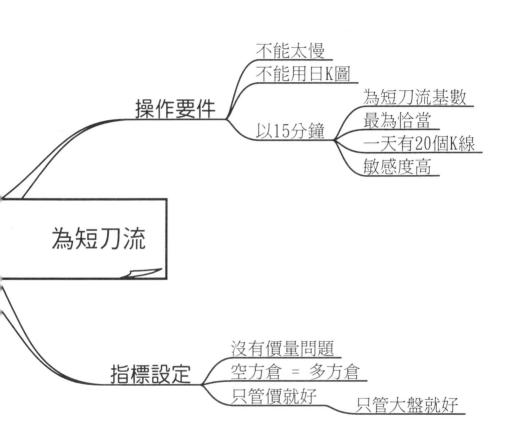

為短刀流

操作要件
- 不能太慢
- 不能用日K圖
- 以15分鐘
  - 為短刀流基數
  - 最為恰當
  - 一天有20個K線
  - 敏感度高

指標設定
- 沒有價量問題
- 空方倉 ＝ 多方倉
- 只管價就好
- 只管大盤就好

　　操作期貨的第一先決條件，是不能反應太慢。所以，一般而言，操作期貨的人，都會在操盤的地方，架設一部自己專屬的電腦資訊網路。若沒有的，也會在期貨公司或者期貨經紀商（證券公司也可以）裡面看盤。目的就是怕期貨的變盤效應，也怕期貨輪動的速度太快，自己產生巨額損失而不知。

　　所以，我們在設計雙刀流當中的「短刀流」時，就不可能用一般常用的「K線日線圖」來當作判斷進出的標準，因為它只紀錄一天的開盤、收盤、最高、最低價格，對於期貨而言，真是過於簡略。根據筆者的仔細觀察，最好能以15分鐘當作是一個K線的基數，最為恰當。如下圖：

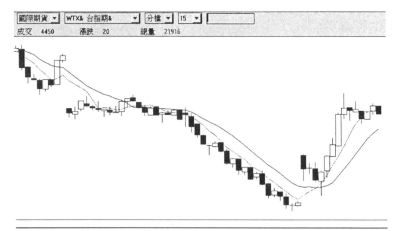

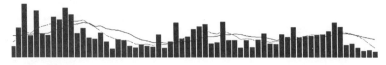

上圖就是以15分鐘為Ｋ線基數的走勢圖，這樣一來，加權指數一天交易4.5個小時，期貨一天交易5個小時，換算為15分鐘Ｋ線，一天就有18～20個交易Ｋ線數目之多。

這等於說，我們把一天當作別人20天在使用，當然我們的敏感度就會比別人大為提升，敏感度提升了，指數有什麼動作，就很容易瞭解。短刀流的架構已經成型了，再來就剩下設定判斷多空的指標，操作時只要把握住指標的「轉折交叉點」就行了。

指　標

指標的設定應該越簡單越好，因為期貨本身並沒有價量問題，只有價的排列而已，無論怎樣排列，空方倉量都等於多方倉量，有空方力道，就會有多方力道，兩者皆平衡，所以，在指數期貨裡，我們不用去管量的問題，唯一要解決的是「價」的走勢方向。

於是這個問題變得很容易解決，依照筆者的判斷，只要設定好兩條移動平均線就行了，千萬不要設計太多的移動平均線。我看過一位投資人，一次設計了三十幾條的移動平均線，這樣一來，一有波動，ａ線穿過ｂ線時，卻被ｃ線擋住了，不過ｄ線卻在上面壓下來，最後反而把自己搞的無所適從，到底是誰的力量大也不清楚。只要設定清清楚楚兩條代表多空的均線就好了。

因此，在設定指標時，一定要明顯易瞭解，只能設定兩
條線，一線代表空方，一線代表多方，空方線在上方就是作
空，多方線在上方，就是作多，如此一來，操作方法就明明
白白、簡單明瞭。

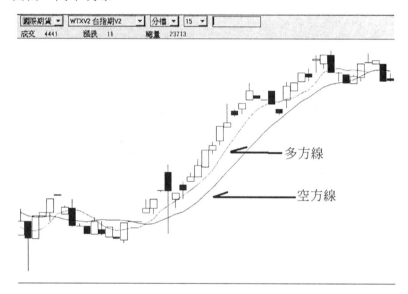

上圖中一條為多方線，另一條為空方線，筆者操作時，
完全依照兩線排列組合來決定自己是要站在多方還是空方，
既簡單又容易賺到錢。

多空線

而多空線的設計，最為重要，若設計過於疏遠，則股價
走了半天才反應，不但失真，而且效率差。假如設計過於親

密，則無法有效判斷多空，不但兩線不能彼此太接近，也不能與K線太接近，否則操作時便容易一下作多，一下作空，不但不準確，操作起來反而十分麻煩，買賣次數過於頻繁，平白浪費手續費。

依照筆者的經驗法則研究，筆者喜歡把短刀流的部分，以15分鐘設定為K線基數，兩條多空線設定為6個基數的移動平均線與12個基數的移動平均線。以下便是短刀流的特性整理。

以15分鐘線為操盤標準：

⑴設定均線基數6、12（15分鐘）兩條移動平均線為多空標準線。

⑵6（15分鐘）移動平均線穿越12（15分鐘）移動平均線為買進多單訊號、若有空單在手，則平倉。

⑶12（15分鐘）移動平均線穿越6（15分鐘）移動平均線為賣出空單訊號、若有多單在手，則平倉。

⑷由空翻多先平倉，由多翻空也是先平倉，兩線交叉後先平倉，等到確定兩線已經交叉突破後，再反手操做。

三、優　點

⑴15分鐘移動平均線的敏感度最佳，若以５分鐘為基數則太過敏感；而以30分鐘，一日則又太過於遲鈍。

⑵以6、12（15分鐘）兩條移動平均線為買賣標準優點在

於：

①加權指數一天有4.5小時的交易時間，剛好有18個基數。

②相隔1.5小時（六個基數）是剛好的損失時間係數，若發生虧損，一天之內仍可回補錯誤。

③作錯邊時，反手回來的基本獲利係數是

1.5小時（3小時－1.5小時） ～ 無限大

從上面的整理，我們會發現，設定15分鐘與6、12移動平均線基數是有其背後的數理因素的。絕對不是隨便信口開河，隨心所欲設計的。是以時間當作變動係數與變動頻率的準確性，兩者組合為判斷標準。因為若操作錯邊，一天當中不但可以彌補錯誤的損失，還可以反轉後仍有獲利。作對邊的話，則因為15分鐘的敏感度剛好，剛好買在起漲點不久。

短刀流

短刀流的用意、做法以及優點，大致上是上述狀況。在筆者還沒有研究出雙刀流之前，短刀流曾是我主攻期貨的利器。對於期貨操作，若只純粹地使用它，就能產生很大的效果！實在是個不錯的操作模式。

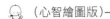
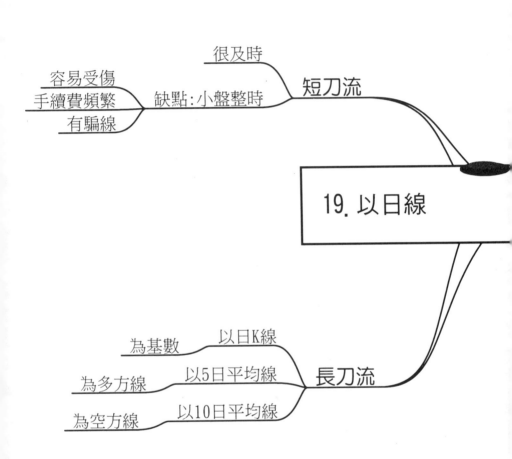

容易受傷
手續費頻繁
有騙線

缺點:小盤整時

很及時

短刀流

19. 以日線

為基數
為多方線
為空方線

以日K線
以5日平均線
以10日平均線

長刀流

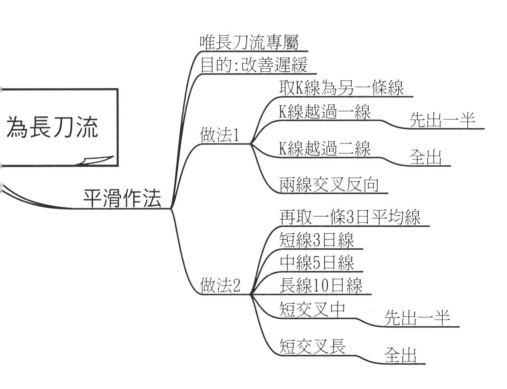

　　前面說過短刀流的做法，是以15分鐘為其K線基數，再取6、12兩條移動平均線作為買多、賣空的操作準則。這對於加權指數的敏感度而言，算夠了。可是對於大盤稍微盤整的狀況，這種做法反而容易兩面挨打。方作多時，線型馬上轉空，方作空時，線型又馬上轉多，被騙線的機率相當高。

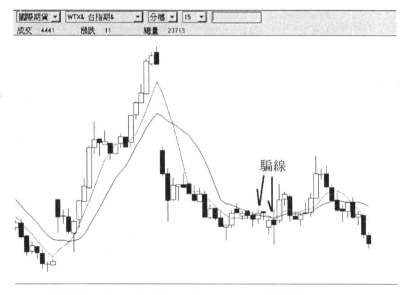

　　上圖是15分鐘的「短刀流」，短刀流雖然好用，可是由於本身太過於敏感，反而容易產生「騙線」出來，如上圖中的兩個點，相隔不到45分鐘，卻產生兩個交叉點出來，等到我們多頭平倉之後，才發現是騙線，線型仍然是持續多方向走的。這樣來回操作，雖然損失不大，但還是短刀流的致命

缺失。所以，我們就必須另外發展出，另一套操作模式，它
的特質應該是順勢且不容易被短期的盤整所困擾，於是筆者
研究出長刀流的方法。

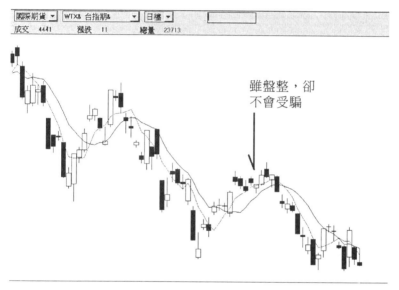

雖盤整，卻
不會受騙

上圖就是長刀流的圖形，由於長刀流本身是以日線為K
線的基數，所以，反應一定比較慢，在上圖出現盤整時，長
刀流並沒有立即反應出來。因此，我們本身也不需要常常出
手換倉，而是等到指標真的交叉時，這才多頭回補，再反向
作空。這樣的好處在於比較不會被盤整所迷惑，對長刀流而
言，趨勢一旦改變，就不容易再改變，也不容易再產生騙線
出來。於是在上圖中又在雙線交叉處，反手作空，這樣又賺

了一波空頭走勢。

長刀流的做法

長刀流的做法如下：

(1)以日K線圖當作走勢的底圖。

(2)以5日、10日兩條移動平均線，當作是多空指標。

(3)5日移動平均線交叉10移動平均線向上，視為多頭走勢，應該作多，反之若抱有空頭倉位，此時應該平倉。

(4)5日移動平均線交叉10移動平均線向下，視為空頭走勢，應該作空，反之若抱有多頭倉位，此時應該平倉。

平滑做法

平滑做法1：因為以5日、10日判斷多空走勢，對大盤而言是一週與二週的平均成本分野，有其正面意義。但是，對於期貨操作者而言，似乎有些過於遲緩，於是，我們勢必還要動用到另外一種方法彌補，我把它稱之為「平滑做法」。我們先看193頁的圖形：

這個圖形是長刀流的典型操盤模式，第一點賣出點可能過於低點，不容易有好價錢，第二點回補點卻又太過於高，以至於獲利空間與純K線走勢相較，的確沒有全部賺滿，因為K線走勢中的最高點和最低點在長刀流的操作當中，都無法享受到，實在很可惜。於是我針對這種做法，提出了平滑

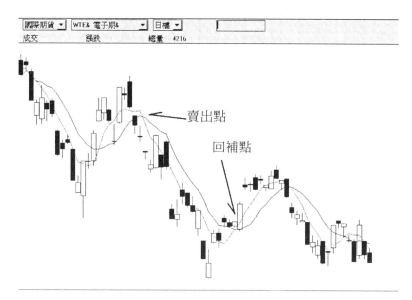

做法以改善。

　　那就是把雙條移動平均線回歸到Ｋ線的走勢，把Ｋ線走勢本身也當作一條線，如果Ｋ線穿越兩條移動平均線的話，不管兩條線是否交叉，都應該先出持股一半以上，或者全部出清，視當時的大盤量能大小決定。多了平滑做法，我們再來看看實際的操作情形，194頁圖形：

　　在原來的圖形當中，我們使用了平滑做法，於是乎會發現讓賣出點早一天反應，而讓回補點早三天反應。效果比純粹的兩線交叉還實用一些。這是改善「純長刀流」所作的第一項平滑做法，讓操作長刀流時，仍然有些彈性，操作曲線也更平滑一些。

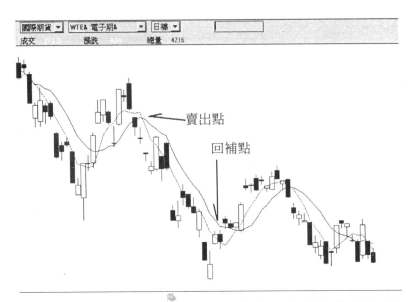

平滑做法2：對於上述的平滑作法1，筆者仍然感覺方法不是很好判斷，而且有違我們純平均線形的操作原則，於是又研發出第二項做法，就是在原來的5日、10日線上面，再加上3日移動平均線，於是做法如193頁圖：

195頁圖中，在兩條線上多加上一條移動平均線，我們發現它們的交叉，似乎更複雜了一些，不過，卻也變得較敏感起來。使用起來不會覺得呆呆的。這時候的做法如下，把指標區分為長、中、短三線。如果手中握有多單，當短線穿過中線時，應該先出一半倉位，當短線又穿過長線時，再出另外一半倉位。反之，就是反向操作。依照這樣的順序，我們發現終於建構出很好的投資系統。

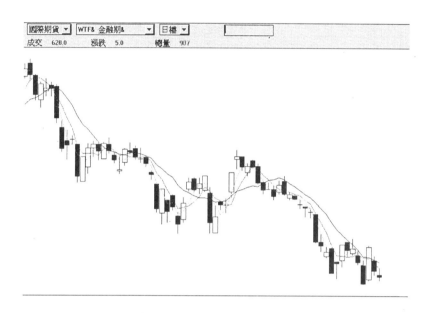

國際期貨 ▼	WTF& 金融期&	▼	日檔 ▼	
成交 628.0	漲跌 5.0		總量 907	

專屬做法

　　平滑做法是長刀流專有的做法，它們可針對長刀流做法提出一些改善做法，但是，最主要的操作精神也是「順勢而為」，可是平滑做法並不適用於短刀流。千萬不可與短刀流混為一談，否則短刀流的操作會變得毫無章法，很容易產生混淆。

　　以上就是長刀流的做法。

投機者　組合
交易時間較長
胡亂猜疑　　期貨沒有預測功能
1/100　成交量

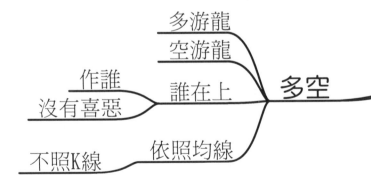

多游龍
空游龍
作誰　誰在上　多空
沒有喜惡
不照K線　依照均線

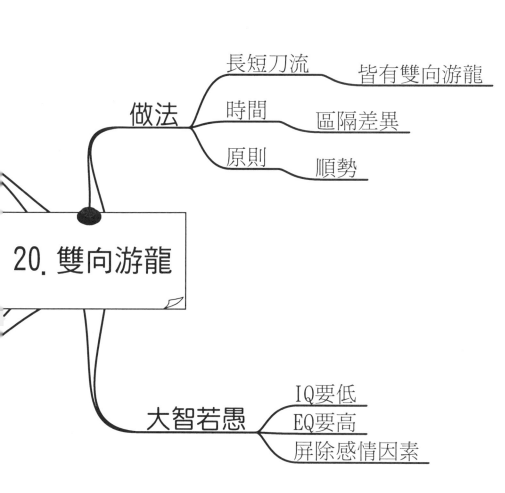

做法　長短刀流　皆有雙向游龍

時間　區隔差異

原則　順勢

20. 雙向游龍

大智若愚　IQ要低

EQ要高

屏除感情因素

　　上兩篇所講述的「雙刀流」，其中區分了長刀流與短刀流的做法，其目的在於區分出長、短兩個倉位的「不同操作特性」，由於我們巧妙地給予「時間因素」的不同性，使兩者便很巧妙地避開彼此的缺點，進而兩者產生互補的效果。

　　不過，兩者的大前提，都還是以「順勢」為原則。而且我也說過，期貨本身沒有「勢」的走向，它的一切走勢，都是為了要去「猜測加權指數」的走勢，進而產生預期漲跌的效應。在這個環節上，有許多人都誤認為期貨有預先走勢的功能，甚至電視媒體、報章雜誌也常常以期貨走勢，來判斷未來大盤應該的走勢，其實這觀念謬矣！

　　因為期貨是充滿投機客交易而產生的市場，這種先天本質不良的市場產物，怎麼會有先行指標的功能呢？若是猜對，只不過胡亂猜臆罷了，就像是有些上市公司的財報尚未出爐，就有些投資人開始猜測該公司的財報狀況，胡亂下單買賣一樣，猜隊也不是稀奇的事。不過個別公司比較好猜測，而想猜測由一千多檔上市（櫃）公司組合而成的股市，就非常困難了，甚至可以說，所做的行為都是引論失義，失去客觀的評估，甚至於只是瞎子摸象，各自說各自的見解罷了。

　　所以，千萬不要被這些不清楚狀況的話術所矇騙，筆者可以在此大聲的跟你說：「指數期貨沒有預測走勢功能」。若誰相信期貨有預測走勢功能，誰就會倒楣，就會在期貨市場上輸錢。千萬不要拿自己的錢去預測走勢，相信期貨本身會走勢的人，都是期貨市場的樂捐者，捐錢給別人的。

如來佛的手掌心

既然期貨本身沒有預測走的能力，那麼也不會有趨勢的問題。因為它屬於附庸在加權指數上，所以，不管它有什麼神通，也逃不過加權指數的周遭，就像孫悟空逃不出如來佛的手掌心是一樣的。我們來看200頁兩個圖的比較。

此二圖是同一天的走勢圖，第一張是加權指數的五分鐘走勢圖，第二張台股指數期貨同一天的五分鐘走勢圖，兩者的交易對象雖然完全不相同，可是就算縮小到一天的變化來看，兩者的走勢卻依然十分相似。如果投資人有買賣股票的話，就能發現，雖然股市有一千多檔股票，要在一天的走勢裡找出如此相同的個股，大概也是很難，甚至找不出來（從頭鎖到尾的漲跌停不算）。也許有人認為是台指期帶領著加權指數走的，可是根據我的研究，卻發現是加權指數牽著台指期的鼻子走的可能性，還要大一些。

理由很簡單，加權指數動輒一天上千億的交易成交金額，而台股指數期貨一天卻只有9億不到的成交金額。連百分之一都不到的幅度，而且交易對象大部分都是投機者對賭的市場，這樣的組合與股市相較，會發現股市卻都是有資金實力的人在買賣的，如此實力懸殊之比較下，誰還能說期貨有帶領指數的功能？期貨帶領大盤，只不過是看表面而不見內涵的說法而已。若以內涵而論，是股市牽著期貨的鼻子走。

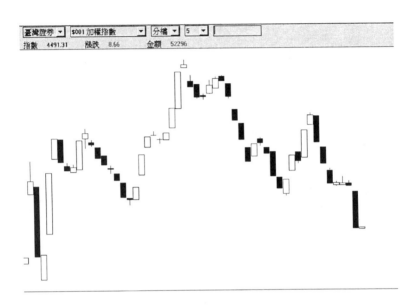

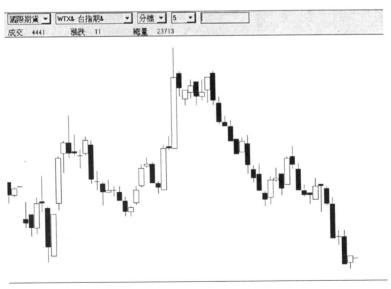

依照均線不依照 K 線

　　說我們的「期貨順勢雙刀流」也是順勢操作，而順勢的方法，不能和股票個股一樣，用「計算籌碼」、「價量關係」的方式，去計算它的漲跌。所以，就必須單獨把只價分離出來，然後用長短流中的雙刀，再讓長短刀依照個自的多空線行走，多線在上就買多，空線在上就賣空。這樣一來，道理雖複雜，操作起來卻簡單多了，而多空這兩條指標線，我們就把它們稱之為「雙向游龍」。

　　上圖的走勢，多空兩條游龍是由空方游龍獲勝，空方游龍站在多方游龍的上頭，所以，我們不需要去看 K 線的排列

方式，只管賣空台股指數期貨就對了，就是這麼簡單的操作
模式，就可以讓筆者獲利無窮。

　　而在上圖中，多方游龍經過盤整之後，果然一舉突破空
方游龍的守勢，站在空方游龍的上頭，局面反轉變成多方在
主導，我們的操作時，先經過盤整的出清持有空頭倉位，然
後再轉向買多頭倉位，果然只依照雙向游龍的指示，又可以
輕鬆地把鈔票拿進自己的口袋中了，跟著雙向游龍操作既簡
單，又輕鬆。

IQ 要低 EQ 要高

　　前面兩個操作圖形是屬於雙刀流當中的短刀流的部分，

短刀流的雙向游龍比較靈活，長刀流的雙向游龍比較沉穩，兩者各有優點，可以在不同的狀況下，互補對方缺點。

而在使用雙刀流的雙向游龍時，必須要有個先決條件，那就是「IQ要低，EQ要高」。當我們確定好指標之後，就必須完全依照既定規則進行操作，不可以看到盤勢的漲漲跌跌，就慌亂了自家手腳，更不可因為自己的貪婪，而去揣測大盤的高低點。「順勢雙刀流」這樣簡單的操作，是需要很高EQ的。必須完全依照指標行事，要把人為的判斷降至最低，要看到股市漲，能耐住性子不追高，看到股市跌，能耐住性子不殺低，能完全依照指標行事（因為指標是落後指標，反應決對沒大盤那麼快），這時候就需要很低的IQ，只能把自己當成一個愚公，正所謂「大智若愚」，把自己當成是操作的機器人，才是最高桿的操盤者！

這也就是為什麼人們在拉斯維加斯玩「拉BAR」時，贏的總是賭場的老闆，原因是老闆就是代表機率大的部分，並且由機器去執行！而遊客明知自己機率低，再加上有七情六慾的野心者，當然就任性而為，猛投錢去拉BAR，當然會輸錢嘍！在期貨市場裡，「雙向游龍」指標也代表是賺錢的真理，是賭場的老闆，也是機率大的一方。在真理面前，任何修飾都是多餘的。就算有諸葛亮的神算，也無法贏過指標，因為指標是根據統計的，所以，在使用順勢雙刀流時，千萬別再加上「人為的判斷」。

持有倉位

方向對
　　不會超過一月
　　比什麼都重要
　　技巧在其次
　　方向不易改變
　　一旦改變不易再改變

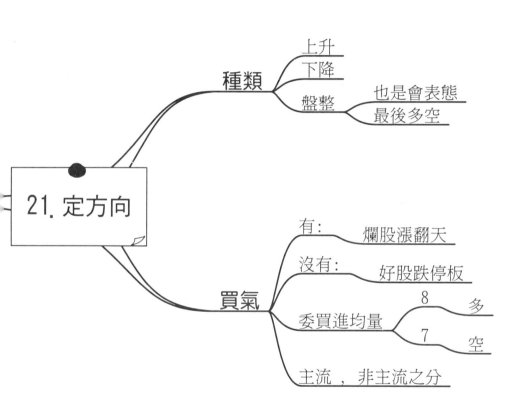

　　百分之九十以上的期貨投資人，操作期貨時，持有期貨
的部位都不會超過一個月的時間。雖然持有的時間不超過一
個月，可是若方向認定錯誤，操盤功力再怎麼高強，損失仍
然會非常大。但是，一旦抓對大盤方向，就算是再怎麼差的
操作，也會贏錢，贏錢在對的方向時是非常容易的。

　　所以，「定方向」成為操作期貨者，第一步最重要的事
情，比起前面所學的雙刀流技巧，還要重要的多。

　　我們得先確定方向，才知道要以哪個方向為主導，至於
怎麼操作，積極者就該多空操作（如同筆者的雙向游龍），
而保守者卻只要在多頭時，「指標」交叉向上時，買多單，
指標再交叉時就獲利出場，不再做空向，在空頭市場時，則

相反，即可賺到錢。但先決條件，這操作手法都應先掌握住
大波段的「方向感」。

206頁的整體走勢明顯是多頭走勢，此時認定多頭時，就
要把握的原則，要站在多頭這一邊，當要指數拉回整理時，
應該依照指標先行出脫多頭倉位，保守者，等待下次的多頭
反攻時，也就是指標交叉時再介入多頭倉位，千萬不可站在
空方，否則容易被軋到，而不知所措。此時，積極者也可以
在第一時間佈個短空，記得是短空，不是長空，一旦指標反
轉向上時，毫不猶豫放掉短空倉，改買多倉，這就是多頭時
積極者與消極者應該注意的操作法。

再來看看下圖的整體走勢，明顯是空頭走勢，空頭走勢

時，千萬要站在空方，以賣空為主要操作策略，這時候「空頭方向」才是主菜，不可一直期待多頭的反彈，多頭方向在此時只是配菜罷了，要能識得時務，作時務的方向，才是真正英雄，不可沉溺於自我催眠當中，一直期待反彈的來臨。

趨　勢

再來我們談的是趨勢的方向，走勢雖然千變萬化，可是走勢方向卻只有簡單的「多、空、盤」三種而已，只要把握住趨勢的方向，適當的時機，正確的出手，期貨操作不贏也難。方向種類：

1. 上升方向（多）

2. 盤整方向（盤）

3. 下跌方向（空）

除了這三種之外，其餘的走勢都只是這三種方向的註解而已，而且趨勢方向還有以下的特性：

1. 方向不容易改變。

2. 方向一旦改變，短期間不會再改變。

至於如何判斷方向呢？筆者在『籌碼決定論』一書當中有很好的詮釋，那就判斷「買氣」。

什麼是「買氣」

買氣可以把空的方向轉為多的方向，買氣也可以在消失

的同時，把股市跌的一塌糊塗。若把買的力道，講成「氣」似乎有些過於虛無，我們以實際狀況來解釋，何為買氣？

買氣的表現

買氣就是股市投資人想買進的慾望，慾望愈強，就愈容易忽略潛在危險，慾望愈低，愈容易擴大解釋危險的可怕，慾望的表達有下列幾種方式：

1. 「買氣」在大盤上的表現就是「委買進均量」：

在平常的交易日中，從開盤到收盤，股票大盤中有一項名稱為「委買進均量」的統計資料，這就是筆者稱的大盤「買氣指標」。根據我15年來長期觀察的結果，發現如果當天「委買進均量」維持在平均量8張以上，當天收紅盤的機率就較高，而若當天「委買進均量」維持在7張以下，則大盤就容易收黑。在兩者之間，很容易收平盤附近，這指標會顯示出此時是大戶進場，還是散戶進場。

所以對大盤而言，「委買量」再配合「委賣量」就是一個很好衡量「買氣」的指標，兩者就像是指數的蹺蹺板，委買進的愈多，委賣出的愈少，就容易上漲。委買進的愈少，委賣出的愈多，就容易下跌。一般而言，不管盤勢如何，「委賣出均量」幾乎都會大於「委買進均量」。因為不管市場如何蓬勃發展，畢竟都有人只想撈點油水而已。所以，別太在意「委賣出均量」。

右圖的委買張數只有5.8而已，雖然當天委買張數是多於委賣張數，結果當天果然還是以中黑作收，這正說明了當天都是散戶在搶進，而大戶在出脫，因而指數會收黑，也說明了買氣指標的準確性。

加權指數（含金融）	4429.25	
	-62.06	
	-1.38%	
加權指數（未含金融）	3594.51	
	-56.80	
	-1.55%	
成交金額	463.28	億
委買筆數	465,350	
委賣筆數	331,289	
成交筆數	428,653	
委買張數	2,719,679	5.8
委賣張數	2,554,384	7.7
成交張數	1,845,351	4.3

買家數	24/ 13	0/	0
賣家數	24/ 16	0/	0
內外家	356/403	0/	0
漲家數	138/ 12	0/	0
跌家數	499/ 19	0/	0
平家數	106/130	0/	0

2. 整體買氣的表現在於「主流」與「非主流」之分：

以類股而言，一般市場都會有個主流規模，像以往的電子股約占市場70～80％的成交值，所以，電子股在當時就應該是市場主流，而電子股裡，還可區分出主流類股和非主流類股，像IC代工、NB產業、液晶面板等，如果當時有一天，漲的都不是電子類股的族群，而是傳統產業股與金融類股的話，那就表示這天的加權指數要上漲的可能性不太大，最多只是盤整而已，千萬不要被個股的漲跌迷失去，在當時大盤要漲，一定是要主流電子股中的當時主流類漲。

從211頁的三個圖形（1金融、2加權、3電子）來看，當第一圖的金融股在高檔之後，力圖振作又做出了另一波高峰出現，可是因為它是非主流的關係，在主流類股的電子股（第三圖）壓力之下，大盤仍然不敵主流的威力，加權指數當時終於屈服於電子股的走勢。以大盤而言，相較於金融股，

大盤的走勢更像是電子股穿上一件外衣而已。

可是在半年之後，股市豬羊變色，金融、傳產、航運、中概股變成是主流類股，電子股反而是敬陪末座，在當時就是要上述那些類股為指標，不可再眷戀電子股。

代碼	股名	時間	指數	漲跌	漲跌幅(%)	成交張數	成交金額(億)	比例(%)
1011	水泥	13:30:00	51.25	△1.80	3.64%	294027	38.979	3.14
1012	食品	13:30:00	257.33	△5.31	2.11%	122089	14.835	1.19
1013	塑膠	13:30:00	102.79	▽1.40	-1.34%	392783	93.508	7.53
1014	紡織	13:30:00	242.90	△5.63	2.37%	557887	69.335	5.58
1015	電機	13:30:00	72.97	△0.55	0.76%	194971	38.189	3.07
1016	電器	13:30:00	48.06	△2.20	4.80%	353544	32.264	2.59
1017	化工	13:30:00	60.35	▽0.39	-0.64%	190326	38.805	3.12
1018	玻璃	13:30:00	36.68	△0.27	0.74%	47623	4.501	0.36
1019	造紙	13:30:00	170.73	△4.68	2.82%	196886	27.522	2.21
1020	鋼鐵	13:30:00	72.68	▽0.72	-0.98%	380078	66.690	5.37

代碼	股名	時間	指數	漲跌	漲跌幅(%)	成交張數	成交金額(億)	比例(%)
1021	橡膠	13:30:00	85.39	▽0.13	-0.15%	136663	25.079	2.02
1022	汽車	13:30:00	151.63	▽1.72	-1.12%	62055	24.053	1.93
1023	電子	13:30:00	197.13	▽2.71	-1.36%	1219486	325.409	26.21
1025	營造	13:30:00	94.49	△5.77	6.50%	306032	17.805	1.43
1026	運輸	13:30:00	66.40	▽1.09	-1.62%	155014	28.140	2.26
1027	觀光	13:30:00	42.03	△1.54	3.80%	15451	2.020	0.16
1028	金融	13:30:00	824.20	△8.35	1.02%	1891516	340.282	27.41
1029	百貨	13:30:00	66.44	△1.27	1.95%	56794	8.772	0.70
1099	其他	13:30:00	92.24	▽0.87	-0.93%	156885	38.442	3.09

上圖就是當時的籌碼結構，當天是金融類股，首次成交金額大於電子類股，充分說明了誰才是帶頭大哥，當時大盤

會不會漲，就全看金融股的臉色了。

三方定位

在上升、盤整、下降三個大方向中，盤整只是過度時期的做法，一般而言，對於只是短期的期貨而言，盤整比較不具討論意義，我們也不需多予以討論。事實上，只要把上升、盤整、下降三個大方向搞清楚，期貨在盤整時，就是以較少操作為原則。在多空方向明顯時，就要多操作些。這樣定出方向之後，操作期貨就變成一件輕鬆又容易的事情了。

以上是定方向的原則，至於細節部分，會在下面的章節中，詳細的教導如何判斷漲跌的關鍵，以及如何操作。

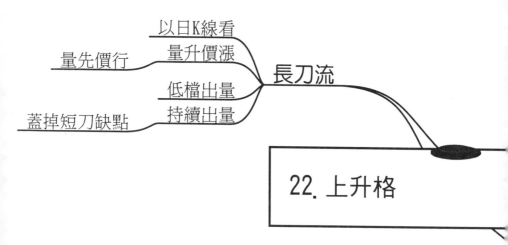

局的特色

短刀流

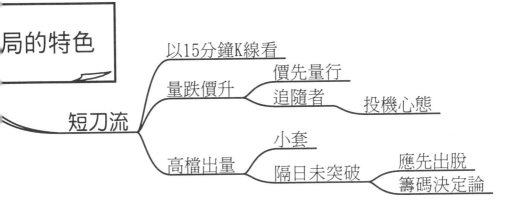

以15分鐘K線看

量跌價升
　　價先量行
　　追隨者
　　　　投機心態

高檔出量
　　小套
　　隔日未突破
　　　　應先出脫
　　　　籌碼決定論

　　在前一篇說過期貨走勢的方向，只有三方向，要嘛！向上，否則就向下，大不了是盤整。而現在我們先來談談上升格局的特色。

　　上升格局若仔細觀察的話，會發現日Ｋ線的走法和15分Ｋ線的有明顯的差異。以下兩個圖形是日線與15分鐘線的走勢圖，請仔細觀察一下兩者是否有任何規律性差異。

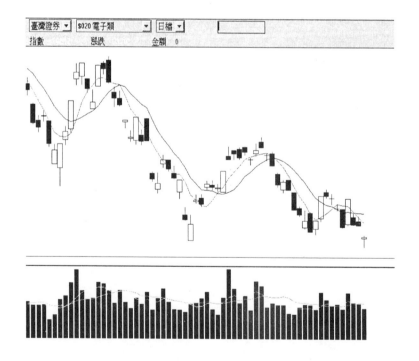

　　是否有看出來其中的差異，如果沒有觀察出來的話，沒
關係。我們再看218頁的圖形。

　　筆者把它們做出標示之後，是否我們會發現上圖的價量
配合，不太一樣，下圖的日線圖，上升走勢符合我們經常講
的「量先價行」原則。也就是說要上漲時勢必「量能」要變
大，變化的程度越結實，股價上漲的時效愈久（如第一圈，
第二圈），量能若變化無常，則股價很難有獨特的表現（如
第三圈）。這是在日線圖上的變化。

　　而在15分鐘線上，就不是如此。大致上「價量原則」在
15分鐘線上是不成立的。我們會發現，指數要上漲，似乎不
需要量的支撐。在下圖當中的第一個圈形，我們發現「量先
價行」的理論並不適用在它身上，因為它只有在低檔的一根
K線和高檔的一根K線中，才有大量出現，在上漲的過程當
中，並沒有發現價量齊揚的格局。這是什麼原因呢？

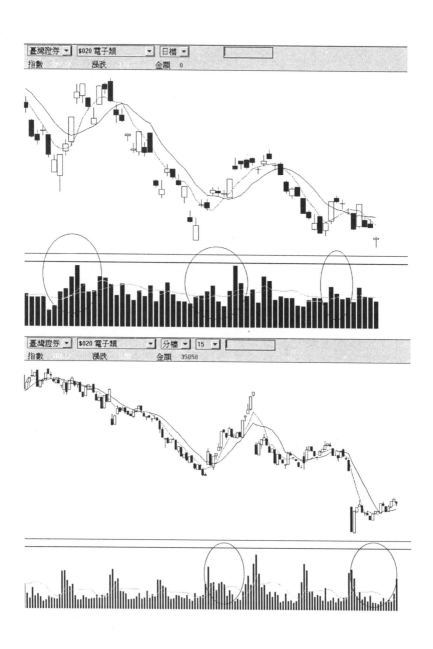

追隨者

如果我們從日線圖中來看，當天走勢上揚，我們可以說「價量齊揚」，可是為什麼在十五分鐘走勢圖當中，就無法如此套用呢？

原因就在於人性中「追隨」的保守性格，一天的交易當中，會有成交量的時候，絕對不是在股價低迷的時候。而是在整個股價開始上揚的時候，股價開始上揚時，一般投資人不敢追價，必須等到買賣雙方，形成供需不平衡的狀態時，投資人才會介入。而且往往是買在最高點，或者是殺在最低點。我們以下圖一檔個股就可以說明出來這樣的情形。

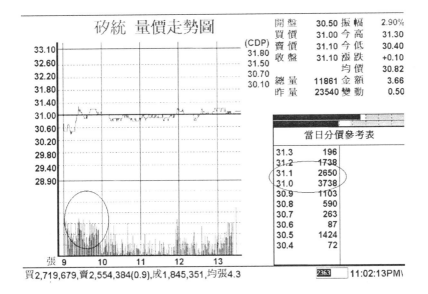

　　這一檔矽統的個股，請注意看筆者所打圓圈的地方，很明顯的，當天的大量價是在31元與31.1元的位置上，而這個位置恰巧是股價開盤後，拉到幾乎最高點的位置。這也證明了，由於投資人都是想利用追隨的態度來避開風險。反而因此造成自己的最大風險。

　　這就是追隨者的心態，因為在市場上，人人不自覺地成為他人的追隨者，因而追隨者成了大多數人的行為，我們也說過市場是「二八法則」，只有少數的人能贏錢，多數人都是輸家。因此，追隨者是輸家就一點也不稀奇了。

　　再回過頭來，我們說明15分鐘K線圖的量，這就是為何15分鐘K線當中，大量總是出現在最高點與最低點的原因，那些都是當天最大的套牢者，也就是跟隨者出現的時機。

日線與15分線

　　可是當天套牢者，未必就是明日套牢者，差別在於是否有「買氣」的再產生，如果有的話剛好「價量齊揚」。這句話恰巧符合第一圖中日K線的狀況，而這也剛好是發生在日線圖上，而不會發生在短線的15分鐘線上。

　　所以，我們知道在上漲格局當中，長刀流使用日K線，因而會有「價量齊揚」的現象，然而在短刀流使用15分鐘K線，卻常常會出現「價量背離」的現象，因此，短刀流常常是價量背離的。

我們在此要讓讀者明確知道的是，使用「長刀流」對量
的判別，在多頭時恰巧是與「短刀流」相反的。

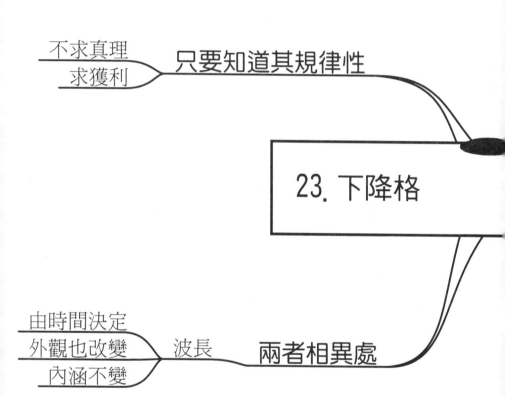

不求真理
求獲利

只要知道其規律性

23. 下降格

由時間決定
外觀也改變
內涵不變

波長

兩者相異處

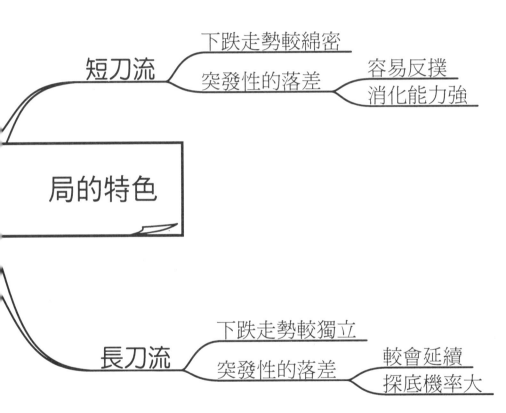

　　上一篇說到，上升格局中，長刀流與短刀流的作法。並且由於15分鐘過於細膩，以至於「量升價揚」的規律性，不能適用在15分鐘K線上。而且顯示出日線的緩和統計能力，也未能馬上反應出買氣衝出的狀況，所以，在日線才會有「價量齊揚」的說法。其實，兩者都不能算是錯誤，最大的差別乃由於時間差造成的隔閡。

　　我們要知道自己的目的，不是在期貨市場上求真理，而是在期貨市場上求獲利。所以不管如何，只要像上述的現象出現了，只要知道大約的規律性就好，也就能善於掌握其中奧秘。至於到底是「價量齊揚」對，還是「價漲量縮」對，在筆者的觀念裡，並不覺得非常重要，只要自己了解，多頭時，長短刀對於量的看法，剛好與短刀流相反罷了。

　　在談完了以上「上升格局」的特色，我們再來談談「下降格局」的特性，在我們所設定的日K線和15分鐘K線上有何不同？還是先看225頁兩張圖表：

　　這兩張圖表分別是15分鐘K線圖與日K線圖，由日K線與15分鐘K線兩者下跌方式的不同處，可以從比較上發現，15分鐘K線圖在下跌時綿密性比較強，也就是，它的每個K線的關聯性都比較強，所以，它的K線幾乎都是一根接連著一根的。而日K線上反應似乎就沒有這樣綿密了，在日K線上的走勢，K線比較像單獨的個體，也就是說，在下跌過程中，每一天有每一天的走勢，昨日下跌100點，未必明日也要

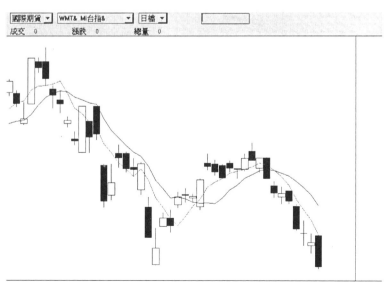

跟著下跌100點，甚至明日可能還會收個小紅。但是，在15分鐘K線圖上，幾乎都是一根連著一根在進行，除非經過另一個交易日。

突發性的落差點

而除了上述講的狀況之外，我們還發現另一特色，就是「突發性的落差點」。

在市場上突然有個利空襲擊時，在日線上往往都會以開低開出。再經過消化之後，由於交易時間長達4.5小時，如果利空消息在此時未再擴大發酵，收盤價很容易回升一些，甚至再度回升變成小紅、小黑的格局。這種利空襲擊的現象，我們就稱之為「突發性的落差點」。

突發性的落差點在日線上面，我們也發現常常很容易被消化掉。但是，在分秒必爭的15分鐘線上，卻發現有「更加劇烈」的效果出現。如上圖的15分鐘圖中，圖中出現了一個「突發性的落差點」，之後由於短線投機客的回補，使得指數開始上揚，在接近原來的價位之前，指數又開始下滑，而且是大幅度的下滑，遇到原來的低點時也完全沒有止跌的跡象，只有一路往下滑。

這也是兩者的差異性，日線對於突發性的利空，有鈍化的作用。而15分鐘線對於突發性的利空，卻有加劇的效果。

而這兩者的不同之處，也往往是投資人的虧損之處。舉

例來說，某甲若在日線上，遇到利空來襲，一開盤就跌200點，於是他預測指數會回升，開始買多，此時，他若在收盤前沖掉的話，他有時會賺到一些反彈性的利差。而如果他是利用15分鐘K線圖在看盤的話，若盤中突然遇到利空，出現一個「突發性的落差點」，此時，若某甲想跟日線一樣的做法的話，照樣短線買進低點的話，他可能當天損失的機率，就會非常的大。因為短線對於「突發性的落差點」的消化能力，比長線而言，是差很多，這點要有明確認知。

也可以說，當長線若突然下降會回頭，而短線突然下降就不容易回頭。這是長短倉在空頭走勢時，不同之處。

時間影響結果

綜合多頭與空頭的走勢，會發現長刀流與短刀流對於盤的看法，常常有截然不同的結論。這是因為短刀流已經把內容細分的結果，例如說：我們看到一個人長得漂亮，是因為我們是看整體的感覺，可是醫生把人體細分成幾百項在觀察時，他們就從不覺得人體某部分的器官會特別漂亮，甚至初學醫道的人，還會恐懼害怕呢！

這不正是和我們的長短刀流看法類似嗎？因為長刀流的波長較長，隱藏了一些缺陷，所以，看起來就特別漂亮些，而短刀流，過於赤裸裸，就較無美感可言，兩者因為時間波長的改變，外表也隨之變化，實質內涵還是不變的。

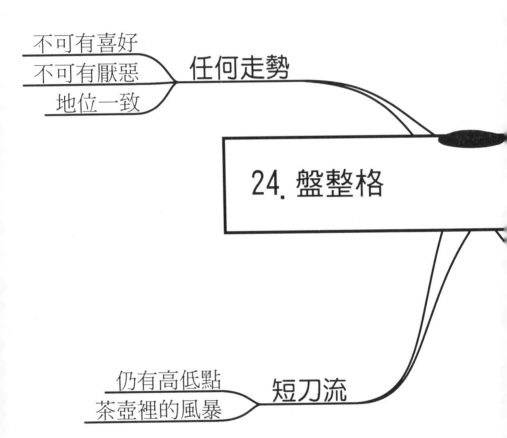

不可有喜好
不可有厭惡　　任何走勢
地位一致

24. 盤整格

仍有高低點　　短刀流
茶壺裡的風暴

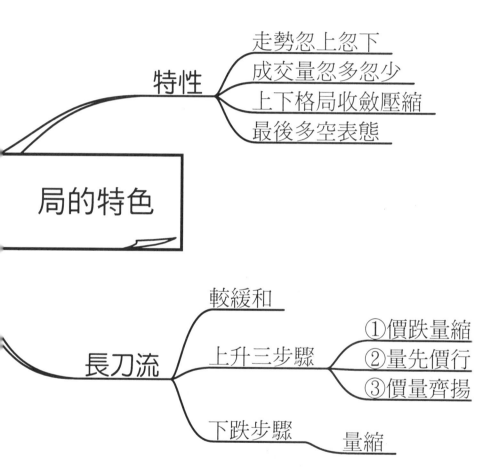

特性
走勢忽上忽下
成交量忽多忽少
上下格局收斂壓縮
最後多空表態

局的特色

長刀流
較緩和
上升三步驟
①價跌量縮
②量先價行
③價量齊揚
下跌步驟
量縮

在前兩篇介紹過上漲走勢與下跌走勢的特色之後，我們要在這一篇當中，再來探討盤整格局的特色。在探討盤整格局之前，要先確認一件事情，那就是我們絕對不可對走勢的方向，有任何的喜好與厭惡。

一般投資人，尤其是股市投資人，百分之九十以上都較喜歡上漲的趨勢，而對於下跌趨勢較為討厭。這種喜漲不喜跌的情結，就如同人們報喜不報憂的天性一樣。這種情結在股市上是完全可以理解的，因為投資人都喜歡作多的，而很少作空。

筆者也曾在報章雜誌上說過「投資不作空」的論談。的確在股市投資上，投資人就是喜歡漲，不喜歡跌。

但是，這種喜漲不喜跌的情結，在期貨市場上，就應該被完全拋棄。甚至於有些較激進的投資人，為了扭轉自己的觀念，還自己養成在期貨上「喜跌不喜漲」的相反個性。其實，這些都是多餘的心態，在期貨操作上，多空都應該一視同仁，絕對不應該有高低之分。

因為一旦自己在心中，對漲跌的評價有高低之分後，操作期貨絕對不可能會理想。雖然偶而可以矇對，卻很容易把賺到的錢再吐回去。所以，我們對於漲跌的態度，應該一視同仁，千萬不可有高低之分。

而對於「多空地位一致」的觀念建立以後，我們就可以再談下面的盤整格局。

盤整特色

盤整格局是當大盤走多或走空到一定的程度之後，勢必會再走的方向，所以，它的特色是：

1. 走勢忽上忽下。

2. 成交量忽多忽少。

3. 上下格局收斂壓縮。

4. 最後多空表態。

這就是盤整的特性，讀者從文字上就可以知道盤整的特性，盤整之後往往就是再一波的多空走勢。我們不再多對盤整解釋，我們要做的是把這些特性加入雙刀流的操作當中，觀察其中的變化。

由於之前說過，盤整時以少操作為原則，其目的就是要試探以後多空的到來，掌握切入點，因為盤整到最後，勢必會表態以後的走勢是多還是空。所以，我們把它分為以後是往上和往下兩個方向研究

盤整向上

盤整完之後，是向上的走勢，我們先來看看232頁的兩張圖，第一張圖是日K線盤整向上，第二張圖是15分鐘K線盤整向上。

兩張圖都是盤整完之後向上走揚，不過我們可以看得出

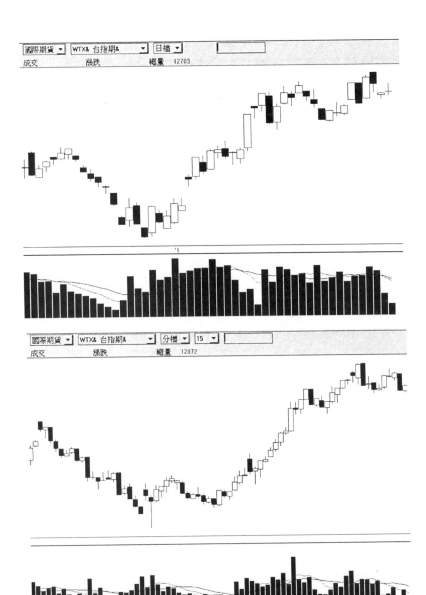

來，在日K線上的盤整，價位較「一致性」，高低價差不會太大，而在15分鐘K線上，由於本身較為敏感，很難呈現出高低壓縮的的收斂走勢，反而仍有小高點與小低點。我們可以套句政治話術叫做：「茶壺裡面的風暴」。就是因為它是小風也能起小浪。

所以，就算是盤整走勢，本身在15分鐘K線上也會有波浪，如同第二張圖一樣，15分鐘K線還在盤整的時候打了個「W底」。由於它的波動不會太大，所以，依照15分鐘短刀流的操作原則（指標交叉既操作），在此操作，勢必容易虧損。而這也是我們雙刀流設計的目的，此時長刀流的安定剛好可以用來彌補短刀流的動盪損失。

但是，這種損失其實是可以避免的，只要我們在操作技術方面，適時的利用觀盤技巧避開就可以達成，我們再看其成交量的部分，就可以發現其中的奧妙之處。

如同上升格局一樣，15分鐘的盤整格局，價位在最低價時，會出現最大量的現象，而在開始上升和爾後的回檔整理時，就不會再出現如此大量的結構。只有等到正式往上時，才會再出現更大的量能。於是這就是我們15分鐘盤整時的觀盤法寶。除了研判指標雙線交叉之外，我們還得判斷量能的部分，量能放大之後，往往是當時的最低價位，這是因為「跟隨者」一致不看好往後走勢，大量放空的關係，可是短線的跟隨者，往往也是短線的最後一隻老鼠，他們往往就是賣

到最低點的人。

可是反觀在日K線上，就沒有這樣的情形，它仍然符合投資的真理，盤整之後要上升，勢必會有下列步驟：

1.「價跌量縮」：

價格下跌成交量萎縮，買賣市場人氣渙散，正是趕底的徵兆。

2.「量先價行」：

價格在最後一次下挫之後，成交量就會開始增加，而成交量幾乎又會與日俱增，這是底部打底的成交量，散戶換手給中實戶的表現。

3.「價量齊揚」：

換手給中實戶之後，散戶出場，中實戶還嫌吃不夠貨，於是拉抬價位想繼續吃貨，這時候市場就開始交易熱絡，股價終於脫離盤整，大家也對於多頭走勢開始恢復信心。

這就是多頭三步驟。盤整後翻為多頭時，勢必會在初期時花費最多的成交量，之後價格就因為籌碼被鎖定，而開始飆漲，造成一股難求的狀況。這種情形就如同車子剛要開動時，必須要花費最大量的扭力一樣，等到開動之後，扭力便漸漸減少，馬力漸漸增加，最後就一路順暢，只要稍微加點油，車子就狂飆不已。

以上是盤整之後向上的特徵，再來我們看盤整之後向下的特徵。

盤整向下

我們再來看探討盤整之後向下的走勢，236頁第一幅圖是日K線盤整之後向下的走勢圖，而第二幅就是15分鐘K線盤整之後向下的走勢圖。

要先判斷盤整是否結束，就應該要動用到筆者發明的「籌碼線」，它會是一個絕佳的判斷工具，不過，目前它只適用於個股上面，至於指數由於「成員過於複雜」，所以，籌碼容易凌亂。

然而屏除籌碼線之外，我們也可以發現一個事實，那就是會盤整向下的走勢，往往問題出現在它的成交量。在第一幅圖中，筆者所畫的趨勢線當中，我們發現凡是要盤整之後要向下的走勢，走勢在盤整時，它的「成交量」會明顯的「萎縮」。不管它是日K線，亦或者是15分鐘線，它的成交量都會萎縮。這就是盤整之後向下的一項特色。

恰巧，盤整之後會向上的走勢，在日K線當中是「價量俱揚」，而在15分鐘K線當中是盤整的底部，也會放出最大量。

一切在於成交量

於是乎我們就能輕易的判斷出，兩者的不同之處。當量在增加時，勢必會讓盤整結束向上，而盤整逐漸量縮時，勢必也會讓盤整結束，不過會是向下的格局。以上就是盤整時的表現，完全以量取決往後的走勢。

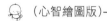

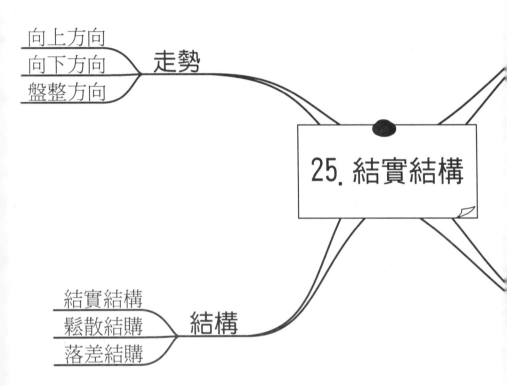

對「結構」的認識不足　只認識表象

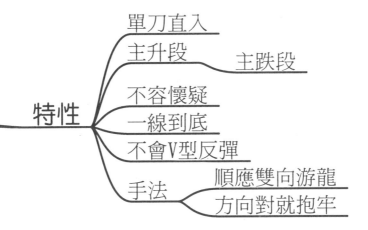

特性
- 單刀直入
- 主升段　主跌段
- 不容懷疑
- 一線到底
- 不會V型反彈
- 手法　順應雙向游龍
  方向對就抱牢

　　前文當中我們說到，新手怕急漲、急跌，而老手卻怕盤整。這是因為新手不懂得市場的變化，自己常常作錯邊，甚至於觀念也錯誤而不自知，所以，當期貨指數在急漲、急殺的同時，也是新手心在淌血的同時。

　　而摸熟了市場的老手，看多了市場的變化，大風大浪見慣了，容易摸到市場的走勢。可是他們卻最怕盤整，一下子上漲，一下子下跌，追高殺低兩頭輸。這兩者會做的順與不順，追根究底，除了是單向操作的不對之外，最重要的乃是對於「結構」認識的不足。

結構種類

　　我們在前三篇說過走勢的方向，而本篇要講的是，除了走勢方向以外的「內部結構」問題。我們再複習一遍，走勢有三種：

　　1. 向上方向（多）

　　2. 向下方向（空）

　　3. 盤整方向（盤）

　　而所有的走勢當中，隨著當時走勢的強弱，內部結構都會出現以下三種結構：

　　1. 結實結構

　　2. 鬆散結構

　　3. 落差結構

我們以下列圖形表示：

從上圖中我們可以發現不管上漲、下跌、盤整。都有可能出現上述三種的結構型態。三種結構的影響各異其趣，正代表當時投資人的不同心態。

以下就是這些結構的特點：

1. 「結實結構」

下的走勢，指數勢必正在走主升段或者主跌段，此時價位會一日比一日更趨近多或空的方向，而且永不回頭。這是因為結實的結構，不容懷疑與破壞。當多頭方面，一旦有人賣出持股，馬上就有更多的人勇於承接他的股票。當空頭方面，一旦有人承接股票，就馬上有人倒更多的股票出來，讓

承接者吃不完兜著走。所以，結實結構所走出來的圖形，都是一面倒的走勢，一根K線接著一根K線，這即是正在走主升段或者主跌段的態勢。

2.「落差結構」

較容易發生在消息面公佈的當頭上，所以往往造成落差點的原因，都是因為消息面的主導。

例如1：若有份量的財經人士發表聲明、政府政策的宣佈、金融外匯的衝擊消息等等，都會造成價位的連接不上，有斷層的現象。

例如2：2003年初美國總統小布希一直有意想攻打伊拉克，於是在短短數天之內，美國國內拋售股票，換成債券，使美國股市重挫了700點。

這些例子都是因為消息面主導行情走勢，並非是當時真正的經濟面，可是就是造成了走勢上的落差結構。

3.「鬆散結構」

是屬於買氣、賣壓不強的走勢，有「走三步退兩步」的意味，隨時都會有走勢反轉的可能，此時的走勢，在k線上較容易呈現出一個上下震盪較寬的型態，和「結實結構」比較起來，頗為不同。

它們三者之間的分別是，「結實結構」看起來較屬於一條鞭的走勢，而鬆散結構，則較屬於一條寬帶的走勢，「落差結構」看起來則像一個斷層一樣。

結實結構

在此篇中，先來探討結實結構，結實結構都會在何種狀況之下發生的呢？我們分別以下列幾個方向探討：

時間：一定是發生在於主升段與主跌段時。

成交量：主升段則價量齊揚，主跌段則是價跌量縮。

走勢：成一直線方式的前進很難會回頭，就算回頭也只是鈍化一下而已，幾乎很難會在往後的走勢裡，直接走上V型反轉的型態。

反轉：反轉時，由於結實結構的力道太強，所以，就算是反彈，反彈的時間差，也很難超過結實結構的時間。

我們來看以下的圖形，就容易知道結實結構的走法。

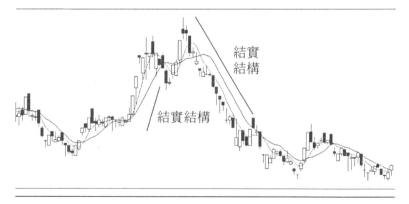

　　從243頁圖當中,知道結實結構完全符合我們所設定的標準,是主升段,也是主跌段,成交量也配合正確,走勢也是一直線,反彈只是一下子而已,往後也都沒有出現V型反彈。

在雙刀流上

　　在雙刀流上,「結實結構」是很容易處理的狀況,因為只有一種手法適用,就是「持股抱牢」。當然,這先決條件得先順勢才行,順著指標的交叉而操作,雙向游龍的兩條線勢必會告訴你當時該如何操作,短線在上則站在多方,短線在下則站在空方。

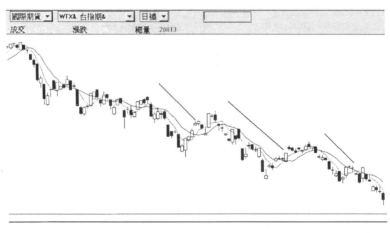

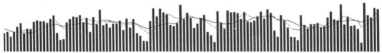

在244頁圖當中，畫線的區域就是結實結構，指標在中間果真也是毫無交叉點，操作時根本不用做任何動作，在該圖當中，操作手法是只要抱著空方單子就好。

單刀直入

以上是結實結構，屬於走勢裡較不具爭議的部分，雙刀流的應對方法，不管是長刀還是短刀，一律會獲利。只要把握住結實結構的特性，確定是結實結構，安心續抱已有的多空單就好了。

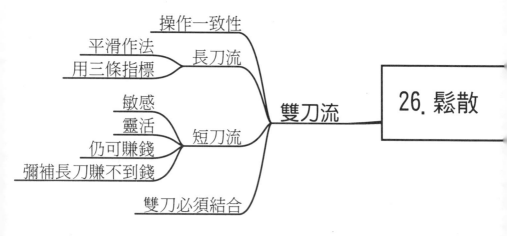

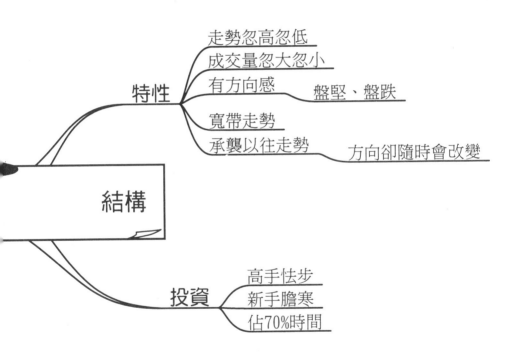

在前一篇當中，揭示了投資市場的結構，我們把它分成為三種形式：

1. 結實結構
2. 鬆散結構
3. 落差結構

也在前一篇當中說明了「結實結構」的特性與其實際操作方法，以及應該注意的事項。再來要談談令高手怯步、新手膽寒的「鬆散結構」。

何謂「鬆散結構」

鬆散結構，它與結實結構有著截然不同的模式，而且以所佔的比例而言，它也佔了將近70%以上的時間與空間。可是相對的，操作獲利卻無法如此豐厚，甚至於有許多人在此時，一不小心，就把自己的資本玩光。所以，看似鬆散，其實反而是危機四伏，因此，對鬆散結構不可不小心，我們先看看鬆散結構的圖形。

在249頁圖當中，甲乙兩段的走勢，都屬於鬆散結構，雖然甲乙兩線的漲跌方向不同，卻仍然可以判斷出來它們屬於鬆散結構，這是由於結構鬆散走勢，有忽高忽低的特性，漲一陣子又會跌一陣子，跌一陣子又會漲一陣子，很難一氣呵成的特性。

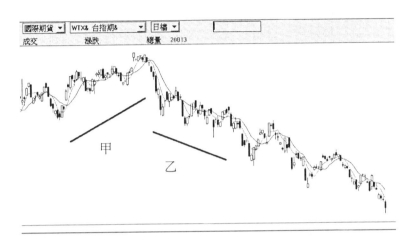

特　性

「鬆散結構」有以下的特徵：

1. 走勢忽高忽低：

走勢不會一路到底，漲3天跌2天，或跌4天漲2天，或者走一二週多頭之後，忽然又回頭一週空頭。它們所走過的路線，就會形成一個彎彎曲曲的來回震盪線形。

2. 成交量忽大忽小：

成交量大小配合走勢的強弱，上升則量加，下跌則量減，並且無法持續有效強勁的成交量，這才是鬆散結構會讓價格容易波動的主因。

3. 有方向感：

鬆散結構雖然很容易讓人聯想到盤整格局，但它可是不與盤整格局一樣，它不是到最後才表態上升還是下降，它的結構雖然鬆散，可是方向性卻是確定的，要嘛就是上漲，要不然嘛！就是下跌。它可說成是「盤堅」，或者「盤跌」的類型，不像是單純的盤整。

4. 寬帶走勢：

如果我們把它走勢的高低點畫成上下兩條線，會發現這樣的結構很像是寬帶的走勢，也就是它會有個振幅的幅度。但它也會在其中，自己破壞這寬帶走勢，此時千萬不可認為在寬帶邊就是安全的買賣點，應該還是要注意到它量的變化以及消息面的變化。

應對之道

鬆散走勢，比較難被掌握其走勢方向，因為當下的投資人都不能十分肯定以後的變化，可是鬆散結構本身卻承襲了以往的走勢，仍然依照原來的方向前進，而且常有變盤的可能性，於是才會出現這種五天打漁，十天曬網的情況。

投資大眾在此時，都基於一個心理的標準價位，當太低時就有人會買進，太高時就有人會賣出。於是在鬆散結構之下，任何太大的動作或者突發的消息，都有可能會破壞它的寬帶走勢，形成變盤格局，有可能從上升變成下跌，或者從

下跌變盤整。

　　現在來看看在雙刀流上，如何面對在這種鬆散結構，以及如何操作。

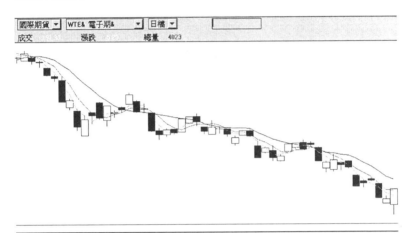

　　上圖是長刀流的圖形，因為它是較緩和的鬆散結構，所以，筆者利用三條指標線來當作規範，目的是要讓指標更加敏感，如果你仔細觀察的話，會發現在長線的三線操作中，幾乎每次都只是打個小勝仗而已。除非有較大的波動。其實這種操作，是比從高處放一口長的空單，獲利還要差。可是筆者仍然堅持要利用長刀流來應付鬆散結構，目的在於統一自我操作模式，況且順應長刀流操作之後，我們也不需要去

知道往後的走勢。只要堅持長刀流的操作，就可以安穩過關了，縱然賺的不多，操作起來也覺得心安許多。

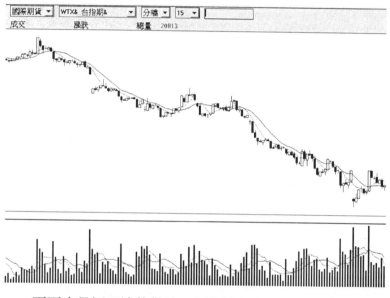

再下來是短刀流的做法，短刀流不同於長刀流的是，它的敏感度高。所以，一旦稍有個風吹草動，短刀流就可以即時掌握方向，像上圖短刀流的操作極為順暢，在小風小浪的情況之下，仍然可以駛得小風帆。指標線兩線交叉就是一個買賣點，依據兩個買賣點的差距看來，短刀流在此收穫也是不少。正好可以彌補長刀流在此賺不到錢的困擾。

在前幾篇中，討論過當指數在盤整時，長刀流的沉穩正好可以彌補短刀流太活躍的不足，而在此鬆散結構當中卻恰

巧相反，短刀流的靈動可以彌補長刀流不夠敏感的缺點。

雙刀流經得起考驗

經過「結實」與「鬆散」結構的洗禮，我們發現雙刀流在此依然可以獲利，雙刀流真可謂是絕佳的期貨操盤武器。所以，面對鬆散結構，「順勢雙刀流」的做法依然可以完全不用改變。

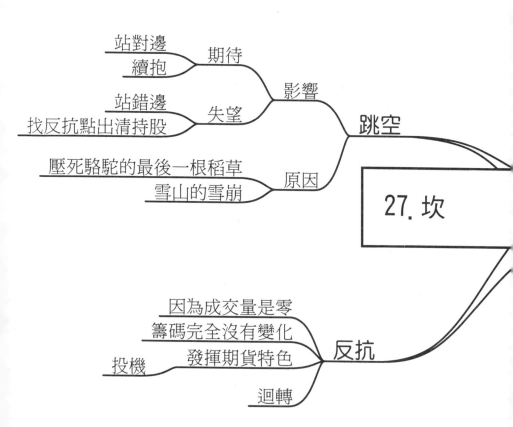

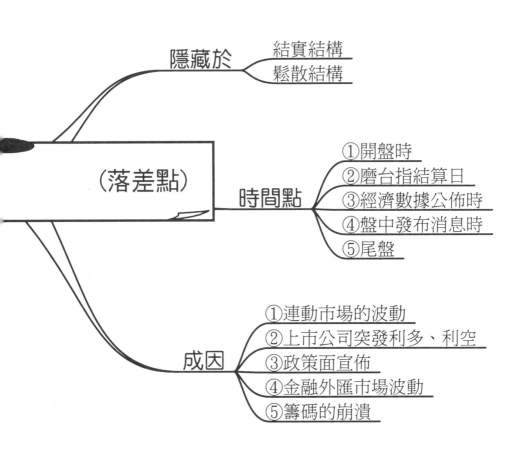

　　前二篇提到「結實結構」與「鬆散結構」這兩種結構，兩者幾乎包含了所有走勢的結構。根據筆者的經驗，現在的投資人包括股市和期貨，都只重視表面的判斷，也就是價格走勢的判斷。只有極少數人會思考到它「本質內涵」。因為就算是思考到本質上面去，也無從下手，所以，對投資人而言，研究結構的本質，看似是毫無意義，因為自己本身不會應用。

　　可是筆者除了會從本質上去思考之外，也會從實質結構上面去研究，而且也已經實際去運用了。

　　前一本書『籌碼決定論』就是專門在探討股市裡個股的種種結構。而這本書就是繼『籌碼決定論』研究股市內容之後，繼而研究期貨市場的實質內容。

　　而有關上述「結實結構」與「鬆散結構」的兩種結構，就是藉由了解期貨本質的結構，從而得到操作上的新看法。

　　結構除了上述（結實與鬆散）兩種之外，還有一種常常隱藏於兩者之間，那就是「坎」結構，也就是我們常常看見的「落差點」結構。一般技術分析通稱「跳空」，但是，筆者比較喜歡用「坎」這個字來形容，似乎更加傳神。

　　255頁的圖形當中顯示了兩個極為大的落差點，第一個落差點把前面的12個K線的走勢全部吃掉。形成了一個極度令「多頭」失望的反轉「跳空」向下走勢。第二個落差點在它要形成下降趨勢之前，似乎已有跡象要往下走，所以，我們

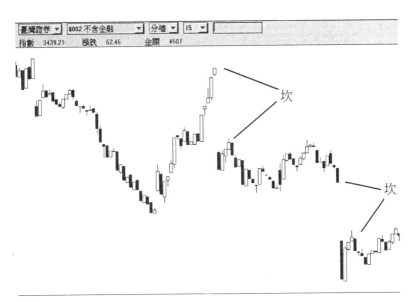

可以說這個落差是可以預期的，也就是說，它是令人期待的
正向「跳空」落差點。

期待與失望

　　坎（落差點）常常會出現在K線的線型上，從大體上而
言，它是不受前面籌碼運作的影響的，亦或許它是受到更前
面的籌碼所累積下來的力量。一般說來，坎（落差點）的出
現，都會對於當時的操盤者造成相當大的震撼，這震撼包括
了「期待」與「失望」兩種。

　　舉例來說：歐洲每年的冬季都會有雪崩，常常造成人畜
極大的傷亡。造成雪崩意外的原因，就是由於積雪太厚了。

積雪太厚絕對不是剛剛飄下的雪所能造成的，而是由內部積
壓已久的雪堆壓力所造成的。在雪崩的臨界點上，小小一聲
迴音或者一顆小石頭滾落，都會造成意外的大雪崩。這雪崩
就像是期貨裡頭的坎（落差點）一樣，發生的當時都會讓人
有相當大的震撼。

　　然而積雪也有可能化成為雪水，然後再慢慢地流掉，進
而把壓力卸掉，最後春暖花開，一切恢復正常。這就像在 K
線裡頭，也有可能形成一個圓形頂，或者碗形底一樣。不會
來個大震盪，令人措手不及。

　　所以，對於坎（落差點），我們應該抱持著相當高的警
覺，因為它可以讓你的操作倍加效果，也可以讓你的操作成
果，一夕之間化為烏有，甚至倒賠出場。這全看當時我們操
作是否對邊決定。但是，如果可以選擇的話，筆者倒是寧願
不希望有「坎（落差點）」的出現。

時　間

　　基於「坎（落差點）」會讓人的操作成果，一夕之間化
為烏有，我們就應該先警覺到它出現的時間點，以便適時的
避開或利用。而造成落差點的時間，「坎（落差點）」常常
會在下列幾個時間點出現，只要掌握住時間點，也就往往能
掌握住坎發生的契機，進而加以利用。

　　1.開盤時

2. 摩台指結算日

3. 經濟數據公佈時

4. 盤中發布消息時

5. 尾盤時

只要我們碰到上述的時間點時，就應該謹慎操作，慎防被突襲。而且事出必有因，「坎（落差點）」是不會無緣無故出現的，勢必有某種突發事件才會令它產生出來，我們要探討它，勢必要從它形成的原因著手。

原　因

坎（落差點）不一定就是不好，對於操作是加分還是扣分，完全要看當時所站的位置決定。落差形成的原因有下列幾項：

1. 連動市場的波動

2. 上市公司突發利多、利空

3. 政策面宣佈

4. 金融外匯市場波動

5. 籌碼的崩潰

說　明

1. 連動市場波動：

現在台灣股市與美國股市有非常密切的連動關係，幾乎

可說美國的道瓊與NASDAQ指數的漲跌。就是台灣股市開盤的參考價。只有等到本身開盤之後，籌碼沉澱了，股市才會有自己的真正走向。所以，坎（落差點）也常常會出現在開盤時。

2. 上市公司突發利多、利空：

占指數比重份量高的電子股，或是金融股，若有突發性的消息發布，也往往會造成指數價位的落差。像台積電董事長張忠謀一番「燕子說」，就讓股市平白漲了400點。而另一句「落花時節又逢君」也讓全球股市跌了將近一成。對於這一項的突發事件，除了應該平時多注意上市公司的法人說明會之外，通常也可以在他們的股價上發現端倪出來。例如：當股價猛跌，上市公司老闆為了護住自家股價，常常會出來信心喊話或者發布尚未公佈的好消息。對於佔權值不是很重的公司我們就一笑置之，而對於台積電、聯電、鴻海等佔權值較重公司（自行參閱摩根權值表），若有動靜我們就應該先行避開。

3. 政策面宣佈：

政府要救股市，常常會用政策面宣佈利多消息來激勵股市，譬如，說國安基金將會進場護盤，那麼，股市就相對的安穩些。若說調低存款準備率，也常常會讓股市當天開高，形成一個坎。可是若政府的措施讓民眾不信任時，也會造成一個大落差。例如：當時總統府秘書長張俊雄片面宣佈「核

四」停工，就造成股市三天的無量下跌。

4. 金融外匯市場的波動：

台灣金融市場，亦隨著全球經濟在變化，如果外匯市場有個風吹草動，也常常影響到股市的變化。例如，台幣強烈貶值，常常會拖累股市，形成一個下跌的坎，台幣強烈的升值，也常常會帶動股市有強烈的拉抬。

5. 籌碼的累積與崩潰：

除了以上這些消息面的變化之外，也常常有一些令人丈二金剛摸不著頭腦的「無名落差」出現。這乃是屬於籌碼的「累積」與「崩潰」。因為安定的籌碼累積到一定的程度，市場上就會出現供不應求的狀況，這時候，勢必就會出現三級跳的上漲模式，大家此時都會搶著買股票。而相反的，籌碼累積到一定的程度之後，到了容忍的範圍之外，就容易有崩盤的危機出現。像股價在高檔盤旋數日之後，連最後一隻老鼠也進去了，此時再也沒有籌碼可以支撐股價，於是就容易以崩盤格局出現，又像融資的籌碼，常常會因為指數的下殺，最後認賠殺出，這也屬於籌碼的崩潰。

應　用

以上是落差點發生的時間與原因，除了第五項籌碼的累積與崩潰是筆者所專長之外，關於其他落差點發生的因素，至今仍無人能確切掌握，因為我們無法知道政府官員在想些

什麼，也很難得知美國股市明天會怎麼走，簡而言之，這些都是因為消息面所造成的落差。我們除了能在第五項籌碼的累積與崩潰，加碼對的地方之外，其他的地方都應該即時避開，這才是順勢操作期貨的精髓。

反　抗

　　由於落差點是突然產生的，所以在交易上，它的成交量等於「零」。不過，既然交易等於零的話，也等於是告訴我們，籌碼完全沒有變化。所以，這時候就發揮期貨投機的特色了，一個坎的出現，在現貨市場上，或許會有更強的連續

性，但在期貨市場上，一個坎的出現，反而容易出現反走勢
的反抗作用。

　　從上圖當中，我們可以發現當走勢出現了一個大落差之
後，在期貨市場上往往會出現回升、回跌的走勢，這是因為
期貨市場充斥著投機客，恰巧投機對了，投積客當然見機就
先跑一趟。這完全是投機市場的反趨勢行為。

　　那我們再來看看雙刀流是否有能力處理坎（落差點）的
發生，以下圖形是短刀流遇上坎（落差點）之後，處理的情
形。

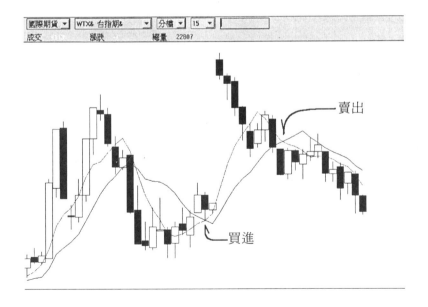

我們來看看加上雙向游龍指標的15分鐘Ｋ線走勢圖。上圖中，因受美國盤大漲影響，一開盤就上漲100餘點，這是典型之突發狀況的坎（落差點）的型態，果真在形成「大坎」之後，股價就開始反抗了，最後收盤期貨指數倒收黑7點，可見完全反抗成功。而這在我們短刀流上會如何操作呢！

首先，短刀流很幸運的在前一天交叉，於是我們反空為多，之後，恰巧隔日遇到隔日大漲，於是帳面上先有100點的收益，可是指數價位愈來愈低，終於在剩下50點的時候，短刀流雙線才在此交叉，於是我們再反多為空，結算當日賺得約50點價差，而且續抱有空單。

這告訴我們，短刀流指標不會在開高100點時，叫我們賣出多單，卻會在剩下50點時，才叫我們由多翻空，最後多空恰巧各賺50點。如果是操盤最強的人，應該是昨日買進，開盤之後賣出，然後再翻空為多，各賺100點。但如此的做法，目前是無任何指標可依循的，唯有靠操盤者的臆測，於是這樣又犯了預測的毛病，若一個不小心做成反向，反而可能倒虧200點。所以，筆者還是認為依靠指標最為正確而且安心。在坎（落差點）中也能獲利。

勝負立判

以上是落差點的特性，落差點的突然產生，往往會使得

賺者更賺，賠者更賠，或者賺者轉賠，賠者轉賺。它是一個
加劇的效果，其中奧妙應對如上，讀者不可不謹慎。

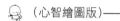
籌碼集中點， 就是股價崩潰點

28. 轉折點

籌碼潰散點， 就是股價起漲點

走勢 ── 終有結束的一天 ── 轉折

由上轉下 ── 較簡單 ┬ 能量用盡
                ├ 買氣消退
                ├ 會盤整數日
                └ 手法 ── 兩日不賺錢即脫手 ── 停損的真意

下轉上 ┬ 籌碼必須散亂 ┬ 亂木材好燒
      │   └ 整齊木材難燒
      ├ 不可預測
      ├ 很少人能買到底部 ── 不要介意
      ├ 有預測 ── 就有失誤
      └ 依附「勢」決定

只賺80% ┬ 掐頭10%
        └ 去尾10%

　　我們都知道，任何的趨勢都會有結束的一天，結束的當下，我們就稱之為「轉折點」，尤其是對於期貨的操作者而言，如果你能擁有在轉折點的第一時間，同步翻多為空或者翻空為多的絕技，那麼，一輩子的福氣就無法度量了。

　　我們這一篇就來談談轉折點的產生，以及如何及時發現轉折點的出現。

轉折點模式

　　我們就開始來研究各種轉折點的模式，希望也能因此找出最佳的操作方法。下面的一張圖，就是一張典型轉折點的圖。

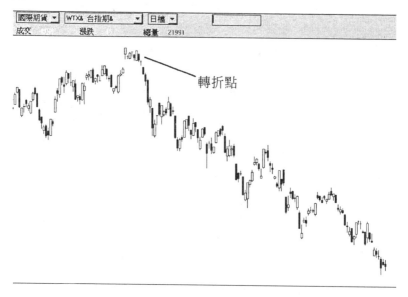

上圖是個由多翻空的轉折點，由於它的轉折點是由高點「盤整」後，反轉下來的，在技術分析上和筆者說的抓「買氣」上，會是比較好確定的轉折方式。依照筆者的說法，這乃是因為「買氣的動能」用盡，連最後一隻老鼠也輪完了，使得走勢無法再續強，這種轉折點在事前、事後都較容易發現，不會算太難。因為它已經盤整數日不過高點，會反轉向下不算離譜，較難的是下張圖的轉折模式。

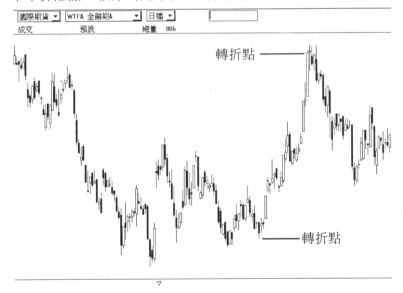

　　這一張圖中，上檔與下檔的轉折點，都只是呈現一點的型態，尤其是下檔的轉折點，簡直只有點到一條下影線而已，上檔的轉折點仍然有盤整了四日，雖有最高點，仍然有脫手的空間，仍然屬於買氣用盡的走勢，要確定轉折點不會太

難，筆者曾在『突破股市瓶頸』提示過一個操盤的概念，那就是「二日不賺錢即出脫」手法，因為不可能買了兩天還賺不到錢，所以，以這種操作手法，剛好可以避開轉折點。

而下檔的轉折點，只有一條細細的下影線，這代表了能在此價位反手作多的人實在不多。依照各種技術分析而言，似乎都無法有效的解釋其轉折點產生的原因。不過，若依照筆者在『籌碼決定論』當中的一項操作手法，也可以有效的跟上，其手法是「籌碼集中點就是股價崩潰點，籌碼潰散點就是股價起漲點」，籌碼與股價兩者平常是相輔相成的，但恰巧在兩者最集中的當時，卻是另一方的致命危機時刻。由這句話當中，我們可以應用到上述的例子，就籌碼而言，很明顯在上圖的低檔中，已呈現完全潰散的局面，因此，股價很容易在此做「結實結構」的上升。

真的有規則可循嗎？

若依照技術指標而言，或許人們可以解釋成它在底部呈現收斂三角形，如271頁圖所畫的模式：

該圖的底部的確呈現收斂三角形，不過筆者倒是較傾向於是屬於偶發事件，如果用「買氣」的說法來看待的話，就比較容易解釋。

買氣就像是一團材火一樣，火要燒盡的時候，就像是指數在高檔的時候，一定是達到最旺之後，然後再慢慢熄滅，

這也是為何指數都會「盤頭」的原因了，買氣一定不會一下
就跑光光，一定是慢慢枯竭，燒到全部的木材燒光為止，除
非當時另有強大的外力介入，像潑一桶冷水，或另外加一堆
木材，否則，材火勢必慢慢燒光。

　　而剛起步的指數底部，也像火一樣，對於擺設的較結實
的材火，它勢必會慢慢的悶燒著，也有可能一下火起，燒不
起來反而熄滅掉了，這也是為何底部常常會做成收斂三角形
的原因，但是，等它燒著之後就如同燎原之火，一發不可收
拾，直到動能用盡為止，而這又是另一個轉折點的開始了。
可是剛開始燒的火，我們都沒辦法確定，它能否燒起來，只
有慢慢等到事後火勢真的起來之後，才能確認當時就是起漲

點。

　　但是，也有可能底部的材火擺置的很鬆散，通風效果很好，才一點火苗燃起，就一下子燒的旺了起來，甚至還有人在材火上面澆些汽油，那一點火星就可以把整堆材火燒的精光。所以，底部轉折的判斷，勢必會比頭部的形成要難辨識得多。

買氣決定一切

　　如果太沉溺於技術分析，往往只會見樹不見林，只能在事後對於技術分析讚嘆它的精準而已，卻無法在當下替自己做任何有效性的決定，是跟還是不跟？是作多還是作空？

星星之火

星星之火

因為技術分析是統計者，永遠都是「事後諸葛」，事後評價永遠是正確。我們再看上圖：

上圖就是一點星星之火，就把整著氣勢燒起來的買氣。在此任何的「技術分析」根本無用，或許在第二點時，人們會說呈現W底的型態，但是，在第一點時卻無人可以解釋其原因，最好解釋的原因，只能用筆者的「買氣論」。

買氣一旦被揚起，恰巧此時，籌碼呈現最凌亂的局面，凌亂的籌碼如同擺設通風良好的材火，這符合籌碼決定論當中的：「**籌碼集中點，就是股價崩潰點；籌碼潰散點，就是股價起漲點。**」的說法。於是輕輕一點買氣，如同燎原的星火，一下子就把整個股價給拉了起來。

如何是好？

既然技術分析在「預測」上如此無用，乾脆我們就捨棄它在「預測」上的功能，而技術分析在「統計」上的功能卻十分的強大，那我們就順從使用它「統計」的能力，捨棄它的「預測」功能，我們再看274頁圖：

剛才的圖形換上我們的指標之後，就發現如果完全跟隨著指標操作的話，的確較有一份可靠的進出依靠，我們的指標也是技術指標，當然它也沒有預測的功能，筆者在使用它的時候，也**完全不靠它來預測走勢**。

但是，它卻是非常好的統計指標，根據它的統計能力，

我們如果完全依照它的交叉進出持股的話，相信賺的還是很及時的。

既然如此，指數走勢的型態和技術分析的關係如此，我們在轉折點時，應該如何應對？

1. 調整敏感度：

在長刀流日Ｋ線上面，把我們的雙向游龍調整好敏感度，再加一條均線更短的短線指標，我們就可以發現，能夠非常即時趕上轉折點之後的走勢，這就是長刀流當中的平滑做法，如下圖：

2. 雙刀流：

不要忘記我們還有一把「刀」在等待著我們，我們利用15分鐘K線的短刀流，就更能有效的跟上其中的變化。如下圖：

在這個圖形當中，我們發現一天的交易，的確是非常多的選擇機會，只要即時順著指標交叉操作，很快就能在轉折點之後跟著轉折操作方向，這樣一來也根本沒有所謂的「套牢」問題，會有套牢的問題，完全在於心態的放不開。

轉折點的用意

知道轉折點的用意在於，讓我們了解「我們根本無須知道何時會發生轉折，因為我們只需要順應它轉折而變化。」轉折變化的原因，太過於複雜與不可測，也惟有知道如此以後，我們卻可以利用已知道有效的雙向游龍指標，進行完全配合的操作模式，也就是把「一交叉，就交易」當作是必須完全遵守的法則。

然後各種線形、走勢、結構。都將不再難倒你，雖然無法從最低點，賺到最高點。可是，卻可以從中賺到「掐頭去尾」的剩下80％幅度，應該也可以滿足了吧，不是嗎？

無例外

搶短心態

想多作　　操作者　　要擔心

人為控制　　最大問題

指標

把自己當作機器人

百分百賺錢

29. 指標

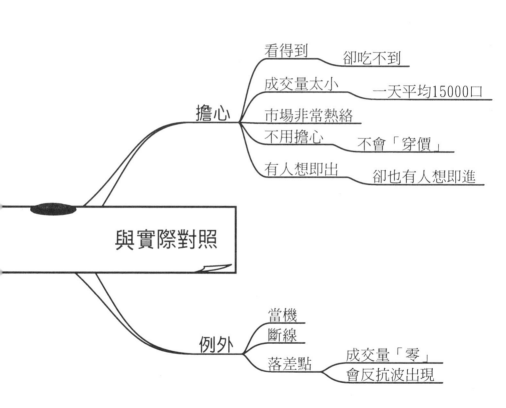

　　筆者向學員教授期貨的順勢技巧時（當時還未有雙刀流的教學），有學員就擔心指標與實際操作之間出現的落差。也就是說，有些學員擔心，明明指標已經交叉了，可是卻沒有買賣單出現，無法進行買賣，這又該如何處理？

　　其實，這種現象出現的機率非常的低，我們先看281頁的表圖：

　　該圖是一個及時的台股期貨盤，在這個圖形當中，我們先注意圖形右下邊的總買成筆數和總賣成筆數，這兩組數字分別為總買成筆數：13810　總賣成筆數：13418，而未平倉量為：16114，又根據資料當日成交口數是21991口。根據如此的資料，其實我們就可以斷定，現在期貨交易已經是非常的熱絡了，台指期一天平均有一萬多筆的成交紀錄，已經屬於隨時都可以買賣的地步，想要出現「穿價」的機率，可能性不是很高。

　　不信再看該圖的下方，它揭示了最近買賣各五檔的等待口數，幾乎每個最小單位都有人掛價在期望買賣成交。所以在一般正常的交易情況之下，很難出現上述學員所擔心的「看得到，卻吃不到」的問題，只要交易手腳夠快的話，理論上，應該都可以買賣理想的價位才對。若無法及時交易，那麼，成交差一點的價位，絕對沒有問題，應該不至於會有買賣不到的情形發生。

　　我們要知道，當有人急著要認賠的時候，應該同時也有

合約名稱	買價	賣價	成交	漲跌	單量	開盤	今高
台指期V2	4190	4191	4190	-15	-	4219	4263
台指期X2	4156	4198	4185	-25	-	4200	4244
台指期Z2	4130	4208	4208	+52	-	4215	4230
台指期H3	4101	4250	-	-	-	-	-
台指期M3	4081	4240	4171	-58	-	4171	4171

台指期V2 量價走勢圖

名稱	台指期V2	(101102 / WTXV2)	合約高/低	5050 / 4100	未平倉量	16114(2002/09/27)
漲停價	4499	跌停價	3911	振幅	2.80%	總買成筆	13810	總賣成筆	13418
成交	4190	漲跌	-15	近一價	4190	近二價	4190	近三價	4189
總委買口	23103	總委賣口	23512	總委買筆	10915	總委賣筆	11450	結算價	4190
第一買價	4190	第二買價	4189	第三買價	4188	第四買價	4187	第五買價	4186
第一買量	15	第二買量	10	第三買量	16	第四買量	5	第五買量	8
第一賣價	4191	第二賣價	4192	第三賣價	4193	第四賣價	4194	第五賣價	4195
第一賣量	7	第二賣量	13	第三賣量	25	第四賣量	9	第五賣量	55

人急著要獲利出場，或者有人急著進場。全國的期貨買賣人口當中，絕對沒有哪時候，大家的想法是一致的，正因為如此，擔心別人的想法與自己一致，的確是多餘的。

有沒有例外

任何的事情都會有意外，尤其是期貨，在急迫的時間之下，再加上許多的經紀商都把期貨當作成附屬行業在經營的

時候，交易時常常會出現小問題，以致於延誤交易時間，這是筆者當期貨經紀商經理人時，最容易出現的毛病，例如當機、連不上線等。這是屬於台灣期貨獨特的交易生態。

　　另一個會造成「看得到，吃不到」的現象，就是我們先前說過的坎（落差點）的時候，不過，已經在前面的篇幅談過它的應對之道了，而且坎（落差點）的出現也不只你我無法交易，是任何人都無法交易，因為坎（落差點）它的成交量是「0」，所以，也不用太過擔心，別忘記坎（落差點）的出現之後，往往會伴隨著「反抗」，把指數再拉回接近原來的點，在此僅是提出它的現象而已。

　　下圖就有個落差點的出現，就是屬於看得到，吃不到的

情形，我們的雙向游龍指標，在交叉之後，只能賺上一波的錢，而下一波的走勢，由於過於密集交叉，在此短刀流勢必會受損，得全靠長刀流還能稱得住局面，守住一些獲利。所以，除此上述兩者之外，其他的狀況便不易發生「看得到、卻吃不到」的情形。

遵守規則

還有一種情形會造成看得到，吃不到的狀況，那就是操作者本身心態，操作者往往身在局中，會被市場的走勢所迷惑，這才是最大的困擾之處。這也是為何筆者一直強調不要去預測的最大原因。

一旦預測，未來就充滿無數的變數，而操作者往往又會因為自己當時的身心狀況，做出錯誤的判斷，興奮時把狀況想的太好，悲傷時卻又把狀況想的太糟，完全不會根據策略去操作，人為的操控乃是失利，最大的原因所在。

所以，筆者在本書的一開頭，就開宗明義的說，定好策略之後，再來就是把自己當作是個投資的機器人。不要想太多，要知道雙刀流的雙條指標，百分之百會為你賺錢的，只要自己拋棄主觀意見，一定能夠經由雙刀流而獲利，又何必要自做聰明呢？想要在雙向游龍之中，再多賺一點錢，反而容易賠上已賺來的錢。

許多寓言當中，不都說明了小聰明的失誤嗎？

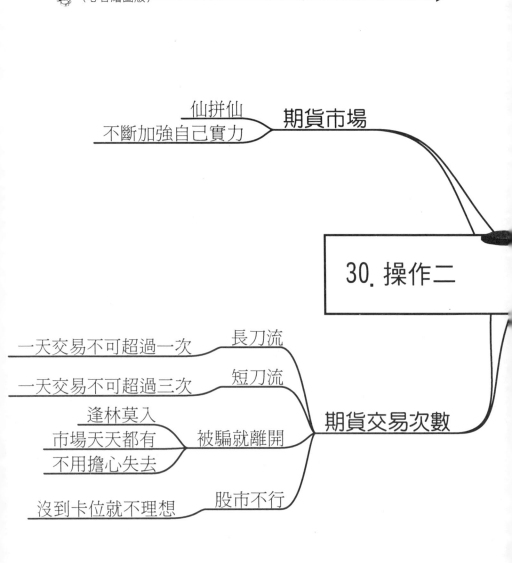

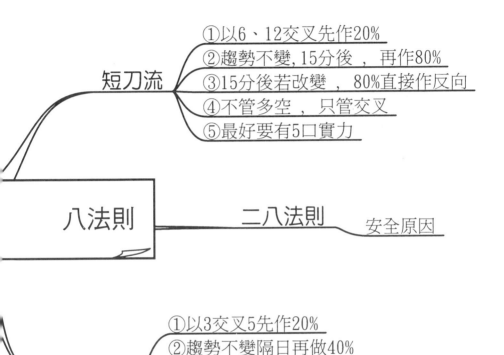

短刀流
①以6、12交叉先作20%
②趨勢不變,15分後，再作80%
③15分後若改變，80%直接作反向
④不管多空，只管交叉
⑤最好要有5口實力

八法則

二八法則　安全原因

長刀流
①以3交叉5先作20%
②趨勢不變隔日再做40%
③若3交叉10則作40%
④若一根之後，趨勢反轉，反向作40%
⑤最好有5口實力

　　眾人都覺奇怪，心想這線香一觸即斷，難道竟能用作兵刃？只見他左手拈了一枝藏香，右手取過地下的一些木屑，輕輕捏緊，將藏香插在木屑之中。如此一連插了六枝藏香，並成一列，每枝藏香間相距約一尺。鳩摩智盤膝坐在香後，隔著五尺左右，突擊雙掌搓板了幾搓，向外揮出，六根香頭一亮，同時點燃了。眾人都大吃一驚，只覺這催力之強，實已到了不可思議的境界。但各人隨即聞到微微的硝磺之氣，猜到這六枝藏香頭上都有火藥，鳩摩智並非以內力點香，乃是以內力磨擦火藥，使之燒著香頭。這事雖然亦甚難能，但保定帝等自忖勉力也可辦到。

　　藏香所生煙氣作碧綠之色，六條筆直的綠線裊裊升起。鳩摩智雙掌如抱圓球，內力運出，六道碧煙慢慢向外彎曲，分別指著枯榮、本觀、本相、本因、本參、保定帝六人。他這手掌力叫做『火燄刀』，雖是虛無縹緲，不可捉摸，卻能殺人於無形，實是厲害不過。此番他只志在得經，不欲傷人，是以點了六枝線香，以展示掌櫃力的去向形跡，一來顯得有恃無恐，二來意示慈悲為懷，只是較量武學修為，不求殺傷人命。

　　六條碧煙來到本因等身前三尺之處，便即停住不動。本因等都吃了一驚，心想以內力逼送碧煙並砂為難，但將這飄盪無定的煙氣遞在半空，那可難上十倍了。本參左手小指一伸，一條氣流從少衝穴中激射線而出，指向身前的碧煙。那

條煙柱受這道內力一逼，迅速無比的向鳩摩智倒射線過去，射至他身前二尺時，鳩摩智的『火燄刀』內力加盛，煙柱無法再向前行。鳩摩智點了點頭，道：「名不虛傳，六脈神劍中果然有『少澤劍』一路劍法。」兩人的內力激盪數招，本參大師知道倘若坐定不動，難以發揮劍法中的威力，當即站起身來，向左斜行三步，左手小指的內力自左向右的斜攻過去。

節摘自『天龍八部』

鳩摩智用『火燄刀』獨鬥大理寺眾和尚的『六脈神劍』，是一場「仙拼仙」！我們在期貨市場又何嘗不是一場「仙拼仙」呢？適者生存，不適者淘汰！當然要不斷加強自己的功力！

*　　　　　*　　　　　*

交易次數

在局勢不明朗的盤整狀況中，自己的操作勢必也會變得混亂，尤其是短線不斷地改變買賣的方向，不但損失不少的手續費，而且還損失不少的上下波動的點數差價，並且自己也會對操作策略產生懷疑。這種狀況該如何是好呢？

筆者也被這種現象困擾許久，後來除了依照「順勢雙刀流」在操作之外，並且在操作的次數上做規定之後，終於也

把這困擾所有期貨操作者的問題給解決了。做法如下：

硬性規定自己一天之內買賣次數範圍

1. 一天交易次數，長刀流不可超過一次。

2. 一天交易次數，短刀流不可超過三次。

3. 如果超過時，當天結清出場。

這樣一來，就解決了盤整所產生的騙線。期貨不同於股市，股市裡沒有卡位到好的價位，獲利就會因此遜色不少。因為它是單邊的買賣，期貨卻是雙邊的買賣，所以，不會有卡位的問題，每一天都是全新的一天，走勢多震盪則多賺，走勢多盤整則少賺而已，來回小幅盤整則容易虧損。所以，為了專門對付來回的虧損，只有捨棄一途。

上述的方法，就是判斷是否來回小幅盤整，因為根據長短刀流的設計，規律的市場，很少有機會一天出現長刀流兩次交叉、短刀流四次交叉以上的狀況。所以，一旦出現，就等於出現策略之外的狀況，於是孫子兵法中的「逢林莫入」之策，還是可以應用得上的。

操作二八法則

對於資金較為雄厚的人，筆者在此除了有「順勢雙刀流」、「雙向游龍」、「操作次數」的建議之外，還可以多了個「操作二八法則」，供給讀者參考。其作法如下：

在短刀流方面

1.以6、12（15分鐘）兩條移動平均線交叉為交易指令，一交叉先做20％。

2.若趨勢不變，15分鐘後（一根K線之後），再做剩下80％。

3.一根K線之後若趨勢改變，剩下的80％資金，直接做反向單。

4.不管多、空，只管交叉，雙向都要做。

5.最好有五口單實力（財力不足者以小期指操作）。

以下圖形就是15分鐘圖，兩條線只要交叉就照「操作二八法則」做，簡單易瞭，獲利也是很可觀。

在長刀流方面

1. 以3、5、10日三條移動平均線，作為指標。3日交叉5日，先做20％。

2. 若趨勢不變，一根K線之後（一日後），同向做40％

3. 若3日均線交叉10日均線之後，再做剩下40％。

4. 若一根K線之後，趨勢改變，反手做40％。

5. 最好有五口單實力（財力不足者以小期指操作）。

下圖是3、5、10日三條移動平均線在日K線的組合，看來似乎比15分鐘線複雜，可是實際操作之後，會發現實際操作並不如想像中困難。

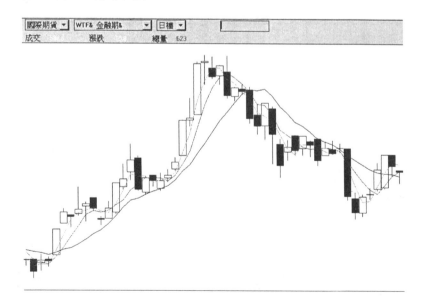

優　點

把操作如此細分之後，我們會發現這樣的做法，不但可以避開盤整時的虧損。另外，還增加了獲利時的正確性，它的優點如下

1. 20％先試盤，對了時，再做剩下80％，只損失一根K線的距離。

2. 20％先試盤，錯了時，以剩下80％做反向操作，來回只損失40％的利潤，而剩下的60％可以因此而正確獲利。

3. 這樣的操作，符合市場二八法則的生態。

安全第一

如果資金不超過10口以上（長短各五口），只要自己依循以上的原則自行變化就好，不一定要完全按圖索驥。而實力超過10口以上的投資人，最好還是根據「操作二八法則」的做法，會比較理想一些。

為何要如此麻煩呢？當然是為了安全起見，寧願以小錢換得安全，是讓自己立於不敗之地的秘訣，而「操作二八法則」的目的，就是讓小錢買個保險，換得自身大錢的安全。這正是我操盤時，第一的要求，安全。

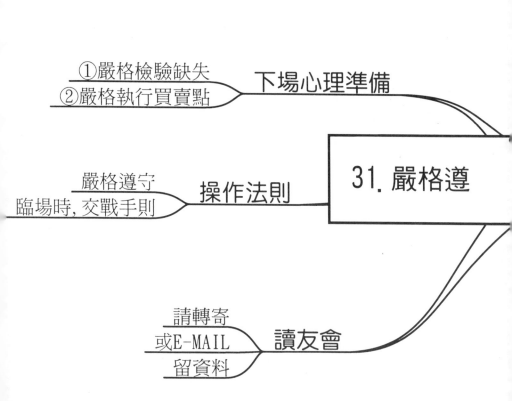

①嚴格檢驗缺失
②嚴格執行買賣點　下場心理準備

嚴格遵守
臨場時, 交戰手則　操作法則

31. 嚴格遵

請轉寄
或E-MAIL　讀友會
留資料

檢查項目

①短指標敏感度
②長指標穩定度
③長短刀互補能力
④對坎的處理能力
⑤自身對指標信任度
⑥操作之及時性
⑦混亂時, 是否停止

守規則

滾滾長江東逝水，浪花淘盡英雄。

是非成敗轉頭空。

青山依舊在，幾度夕陽紅。

白髮漁樵江渚上，慣看秋月春風。

一壺濁酒喜相逢。

古今多少事，都付笑談中。

節摘自『三國演義』

＊　　　　　　＊　　　　　　＊

如果你覺得這「順勢雙刀流」的做法，的確可以為你自己在期貨市場上帶來極大的利益。此時，你也已經準備好要下場操作了，你所要做的事情，就是以下的兩點：

1. 嚴格檢驗缺失、

2. 嚴格執行其買賣規則、

檢驗缺失

當我們能做到以上兩點時，才能有能力在操盤的同時，向外擴張自己實力與向內自省缺失。如此一來，對外，你才會不斷地增加自己帳面上的金額；對內，你也可以因為自己不斷地改善操作缺失，而獲得更多的報酬。

在第一項嚴格檢驗缺失方面，我們要先知道，世間上萬事萬物都沒有絕對的正確性，都只是相對性的正確而已（請參考拙著『突破股市瓶頸』一書，當中的「投資相對論」一

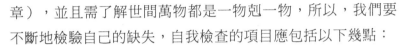

章），並且需了解世間萬物都是一物剋一物，所以，我們要不斷地檢驗自己的缺失，自我檢查的項目應包括以下幾點：

1. 短線指標設定的敏感度。

2. 長線指標設定的穩定度。

3. 長短刀流之間的互補能力。

4. 對坎（落差點）出現時的處理能力。

5. 自身操作對指標的信任度（愈不信任，愈虧錢）。

6. 自身操作的即時性（愈即時愈賺錢）。

7. 混亂盤整時，該停止時，是否有停止。

大致上而言，會發生問題的情形，都是出現在以上的幾種狀況中，要不是指標設定的不密切，就是雙刀流之間的互補性不足，亦或是自我操作摻雜了其他因素（譬如摻雜了技術分析、多空消息），以至於該順勢操作時，卻更想搶個短線反彈，當該停掉手中倉位時，卻又持續抱著盼望能回升，結果損失更大。

總之，就是自己雖懂得雙刀流的操作技巧，卻在臨場時混雜使用另一套技巧，結果讓自己的操作變成一個「四不像」。這樣怎能體會到雙刀流的奧妙呢？

買賣規則

在第二項嚴格執行其買賣規則中，我們再條列一次所有的操作觀念與做法於下，好讓自己在臨場時，能夠馬上進入

狀況。讀者也可以把它影印下來，操作時隨身攜帶，當作是「教戰手則」。

　1. 期貨是零和遊戲，要嘛！你輸我贏，要嘛！我輸你贏，沒有第三條路可選。

　2. 台股指數期貨只是交易的媒介，不是交易的本質。

　3. 市場永遠是對的，與市場作對永遠是錯的。

　4. 期貨市場充斥著投機客，也充斥著投機行為。

　5. 期貨與股市不要混為一談，兩者並不相干。

　6. 不要做預測指數之行為。

　7. 不要做套利行為，包括①股市與期貨套利、②長期期貨與短期期貨套利。

　8. 不要去計算期貨的籌碼，量大未必好，量小未必差。

　9. 不要太在乎手續費的輸贏。

　10.期貨本身是跟隨指數，或者亂猜指數，絕不是帶領指數。

　11.期貨不等於指數。

　12.不要太依賴基本面。

　13.不要太依賴技術分析。

　14.得先確定大方向趨勢。

　15.大方向壓著小方向，兩者衝突時，大的贏小的。

　16.趨勢不容易改變，一旦改變，短期不會再改變，若改變則先為盤整。

17.以「買氣」判斷漲跌依據。

18.絕對順勢操作。

19.不順勢時，絕對停損。

20.不應有「多空觀念」，只有「勢」的觀念。

21.避開「消息」公佈之時間點。

22.操作要有「策略」依據，不可隨意操作。

23.策略要簡單明瞭，容易執行。

24.資金必須分成二份部位。

25.一份資金長線操作，一份資金短線操作。

26.長線要能隨著代表穩定性的指標前進。

27.短線要能隨著代表靈活性的指標前進。

28.長短線要能夠互補。

29.長線資金歸長線，短線資金歸短線，兩者絕對不可混
合使用。

30.以15分鐘Ｋ線為短線基數。

31.短線要有兩條指標線，以便交叉。

32.以日Ｋ線為長線基數。

33.長線要有三條指標線，以便更加靈活。

34.資金一定要分批進場。

35.進出要有明確的指標依據。

36.確實順應指標交叉操作。

37.該進就進，該退就退。

38.發生落差時，要不就大賺（方向對時），要不就小賠（方向錯時），應該以平常心對待。

39.指標就是唯一依據，不可再摻雜其他技術分析。

40.指標本身可以改良。

41.不可聽信道聽塗說之消息。

42.突發狀況時，要捨得出場，留得青山在，不怕沒材燒。

43.長線交易次數，一天不可超過一次。

44.短線交易次數，一天不可超過三次。

45.要嘛！全部退出，暫時觀望。要嘛！全心投入，分秒注意，不可以有倉位而放著不管，在此沒有等待。

46.要有基本的觀盤軟體、工具。

47.每一筆操作，均須檢討進出原因與時間點。

48.不可連錯，錯則勿憚改。

49.從順勢雙刀流當中，不斷改良技巧，卻不可推翻其基本架構。

50.如果要給唯一的操作建議，我會告訴你，操作期貨絕對不能「套牢」。

以上是操作期貨時，應該了解的觀念、需設定的指標以及實際操作須遵守的規則，若能徹底執行以上項目，想要當個期貨大戶，成為有錢人，又有何難呢？

上述都是順勢雙刀流操作的精華部份，希望讀者能在操作時謹記在心。

讀友會

　　在我的每本專業書籍的最後面，筆者都很歡迎讀者與筆者交流，尤其有些讀者很熱忱的與筆者E-MAIL相互往來，讓筆者倍加覺得溫馨，也讓筆者增長不少知識，正所謂教學相長，筆者也很少會讓讀者失望，每封來信幾乎都會親自回E-MAIL。

　　同以前一樣，如果你想更清楚知道，股市或期貨的操作方式，請你寫E-MAIL到筆者的信箱gwojoe@yahoo.com.tw來，或者寫信寄到出版社來，信封上面註明煩轉黃國洲，這樣我就可以收到來信，我將會把您的來信，根據您所給的資料（姓名、年齡、電話、地址、E-MAIL）編成「讀友會」的成員。當筆者覺得行情有所起色時，或行情將要下跌時，或者覺得某些股票走勢不錯時，亦或者有演講要開辦時，都會在第一時間以E-MAIL或信件通知您，您自己可以依照自己的需求與時間，斟酌取捨。

　　為什麼要如此呢？因為您能看到這一頁，表示您與筆者有某程度的契合，我覺得我們彼此在投資領域上是朋友。我想要維持這份友誼並且想回饋您，我會將對投資的看法，不定期、但源源不絕的告訴您，也期待彼此能有見面的一天。

　　感謝您購買本書！謝謝

黃國洲

note

note

期貨順勢雙刀流（心智繪圖板）

著　　者｜ 黃　國　洲

發 行 人｜ 蔡　森　明
出 版 者｜ 大展出版社有限公司
社　　址｜ 台北市北投區（石牌）致遠一路 2 段 12 巷 1 號
電　　話｜（02）28236031‧28236033‧28233123
傳　　真｜（02）28272069
郵政劃撥｜ 01669551
網　　址｜ www.dah-jaan.com.tw
電子郵件｜ service@dah-jaan.com.tw
登 記 證｜ 局版臺業字第 2171 號

承 印 者｜ 傳興印刷有限公司
裝　　訂｜ 佳昇興業有限公司
排 版 者｜ 千兵企業有限公司

初版 8 刷｜ 2023 年 1 月

定　　價｜ ~~600 元~~
特　　價｜ 380 元

期貨順勢雙刀流（心智繪圖版）／黃國洲著
──初版──臺北市，大展出版社有限公司，2004.12
　　面；21 公分──（理財‧投資；5）
ISBN 978-957-468-343-7（平裝）
1. CST：期貨交易
563.5　　　　　　　　　　　　　　93017336

大展好書　好書大展
品嘗好書　冠群可期

大展好書　好書大展
品嘗好書　冠群可期